Mathias Hofmann

Change Controlling.
Methoden und Instrumente des Ergebnis- und
Prozesscontrollings im Change Management am
Beispiel eines Veränderungsprojektes in einer Krankenkasse

Hofmann, Mathias

Change Controlling
*Methoden und Instrumente des Ergebnis- und Prozesscontrollings im Change Management am Beispiel eines Veränderungsprojektes in einer Krankenkasse*

Wismarer Beiträge zum Consulting, Band 2
Herausgegeben von:
Prof. Dr. Thomas Wilke
Prof. Dr. Kai Neumann
Prof. Dr. Jürgen Zeis
Prof. Dr. Andreas von Schubert

1. Auflage 2011 | ISBN: 978-3-86741-750-1
© Europäischer Hochschulverlag GmbH & Co. KG, Bremen, 2011.
Alle Rechte vorbehalten.

Mathias Hofmann

# Change Controlling

## Wismarer Beiträge zum Consulting, Band 2

www.eh-verlag.de

# Inhalt

| | | |
|---|---|---|
| 1 | Abbildungsverzeichnis | III |
| 2 | Abkürzungsverzeichnis | IV |
| 3 | Einleitung und Problemstellung | 1 |
| 4 | Change Management. Der Diskurs zu Ergebnis, Vorgehensweise und Partizipation | 3 |
| | 4.1 Steigerung der Betriebsleistung durch Partizipation im Change Management | 3 |
| | 4.2 Erfolgreiche Zielerreichung im Change Management | 4 |
| | 4.3 Veränderungskompetenz in der Lernenden Organisation | 7 |
| | 4.4 Change Management als Kommunikation für Innovationen | 8 |
| | 4.5 Definition des Change Management als Basis für Erfolgsmessung | 9 |
| | 4.6 Kategorien von Veränderungen | 11 |
| 5 | Evaluation und Controlling - Aspekte für Change-Projekte | 13 |
| | 5.1 Evaluation | 13 |
| | 5.2 Controlling | 14 |
| | 5.3 Projektcontrolling | 16 |
| | 5.4 Prozesscontrolling | 17 |
| 6 | Erfolgsmessung im Change Management | 19 |
| | 6.1 Erfolg im Change Management | 20 |
| | 6.2 Zieldefinition und Change Scorecard | 22 |
| | 6.3 Return on Change Management und Return on Change | 24 |
| 7 | Anwendung im Pilotprojekt | 28 |
| | 7.1 Die BKK Gildemeister Seidensticker und die strategische Bedeutung des Projektes „Führen mit Zielen" | 28 |
| |     7.1.1 Der Markt der gesetzlichen Krankenversicherung aus der Sicht der BKK Gildemeister Seidensticker | 28 |
| |     7.1.2 Strategische Optionen für die BKK Gildemeister Seidensticker | 32 |
| | 7.2 Das Change-Projekt „Führen mit Zielen" | 34 |
| |     7.2.1 Vorgeschichte zum Projekt „Führen mit Zielen" | 34 |
| |     7.2.2 Projektstart | 35 |
| |     7.2.3 Ergebnisziele für das Projekt | 36 |
| |     7.2.4 Evaluation zu weiteren Ergebniszielen | 37 |
| |     7.2.5 Prozessdesign und Prozessziele für das Projekt | 39 |

| | | |
|---|---|---|
| 7.3 | Datenerhebung und Ergebnisse des Ergebnis- und Prozesscontrolling | 42 |
| | 7.3.1 Ergebnisziele und Leistungsziele | 42 |
| | 7.3.2 Sozialziele | 49 |
| | 7.3.3 Evaluation zu weiteren Ergebniszielen | 50 |
| | 7.3.4 Prozessziele | 53 |
| 7.4 | Zusammenfassende Bewertung der Datenerhebung zum Veränderungsprojekt | 57 |
| **8** | **Zusammenfassung und Schlussfolgerungen** | **59** |
| | 8.1 Formulierung und Messbarkeit von Zielen | 59 |
| | 8.2 Kalkulation und Messbarkeit des Aufwandes | 60 |
| | 8.3 Die Kennzahl „Return on Change" | 61 |
| | 8.4 Messbarkeit des Erfolges | 62 |
| | 8.5 Evaluation und Controlling als Steuerungsaufgaben | 63 |
| | 8.6 Erfolgskonstruktion durch die Beteiligten | 64 |
| | 8.7 Controlling und Evaluation begründen Erfolg in Change-Projekten | 66 |
| **9** | **Ausblick: Evaluation und Controlling in einer lernende Organisation** | **68** |
| **10** | **Literatur** | **69** |

# 1 Abbildungsverzeichnis

| | | |
|---|---|---|
| Abbildung 1: | Wirkung der Partizipation auf den Output bei Veränderungen | 4 |
| Abbildung 2: | KOTTER (1996: 21 ff.):The Eight-Stages Process of Creating Major Change | 5 |
| Abbildung 3: | Phasen des Wandels nach KRÜGER (2006: 67) | 6 |
| Abbildung 4: | Das Modell des Change Kreisels (Hofmann 2009: 14) | 9 |
| Abbildung 5: | Change Management Definitionen und Change Management-Rahmen | 11 |
| Abbildung 6: | Controlling nach BRÜHL | 14 |
| Abbildung 7: | Steuerungskreislauf im Controlling | 16 |
| Abbildung 8: | Capgemini Studie 2010 | 19 |
| Abbildung 9: | Change Management Studie 2010 - Die Wirkung von Change Management | 25 |
| Abbildung 10: | Organigramm der BKK Gildemeister Seidensticker 01.08.2010 | 29 |
| Abbildung 11: | Strategische Ziele BKK GS Stand Oktober 2009 | 34 |
| Abbildung 12: | Zielportfolio, Transkript aus dem Fotokoll des Workshops Gehrden November 2009 | 38 |
| Abbildung 13: | Zeitplan zum Projektstart Mai 2009 | 40 |
| Abbildung 14: | Zeitplan Stand Dezember 2009 | 41 |
| Abbildung 15: | Balanced Scorecard der BKK GS 2010 in Stichworten (Originalunterlage) | 44 |
| Abbildung 16: | Matrix der Zielerreichung Stand 06.10.2010 (Originalunterlage) | 45 |
| Abbildung 17: | Datenerhebung zur Selbstevaluation | 52 |
| Abbildung 18: | Kostenkalkulation Change Management BKK, Details nicht freigegeben | 57 |
| Abbildung 19: | Erfolgsplanung durch partizipative Zielformulierung | 66 |

## 2 Abkürzungsverzeichnis

| Abkürzung | Bedeutung |
|---|---|
| BKK | Betriebskrankenkasse |
| BKK GS | Betriebskrankenkasse Gildemeister Seidensticker |
| BL | Bereichsleiter |
| BSC | Balanced Scorecard (nach KAPLAN/NORTON) |
| € | Euro |
| FK 1 | Gremium der BKK GS, bestehend aus Vorstand, Bereichsleitungen, Referenten und ausgewählten Stab-Mitarbeiter |
| KW | Kapitalwert |
| Mio. € | Millionen Euro |
| Mrd. € | Milliarden Euro |
| OE | Organisationsentwicklung |
| RoI | Return on Investition |
| RoCM | Return on Change Management |
| RoC | Return On Change |
| Stv. | Stellvertretend(er) |
| T€ | Tausend Euro |
| vgl. | vergleiche |

# 3 Einleitung und Problemstellung

Gegenstand dieser Arbeit ist es, Methoden zur Erfolgsbewertung im Change Managements zu reflektieren und ihre Anwendbarkeit an einem praktischen Fall beispielhaft zu überprüfen.

Angeregt wurde die Arbeit durch die von Change-verantwortlichen Managern in der Praxis immer wieder geäußerte Zweifel, dass Change-Projekte nicht schlüssig evaluierbar seien und wegen ihrer jeweiligen Einzigartigkeit auch kein sinnvolles Prozesscontrolling denkbar wäre. Nach diesen Gesprächen mit Managern in meiner langjährigen Praxis als Unternehmensberater in Veränderungsprojekten ist die systematische Bewertung eines Veränderungsvorhabens im betriebswirtschaftlichen Kontext und eine auf wissenschaftlichen Erkenntnissen beruhende Evaluation in der Management-Praxis scheinbar wenig hilfreich. Gleichzeitig löst die relativ geringe Erfolgsrate, die Change-Projekten von Managern zugeschrieben wird, angesichts der wenig verbreiteten Praxis eines Change-Controllings die Frage aus, woher die Befragten ihre Erkenntnisse beziehen.[1] Eine Studie zur Umsetzung von Konzepten zum Erfolgs- und Prozess-Controlling in einem Change-Projekt wäre für die Diskussion in der Praxis sehr hilfreich.

Die vorliegende Arbeit stellt und beantwortet die Frage, ob ein Change-Controlling in einem üblichen Beratungsprojekt sinnvoll umsetzbar ist und welche Aufwände und Auswirkungen hiermit verbunden sind.

Dazu werden zunächst die Definitionen zu Change Management und ihre impliziten Aussagen zu Erfolg bei Veränderungsvorhaben (Kap. 4.) analysiert. Im Weiteren werden die relevanten Aspekte von Evaluation und Controlling in Bezug auf Veränderungsvorhaben und Change Management betrachtet (Kap. 5), ergänzt durch die spezifische Diskussion zu Erfolgen, Zielen und Controlling im Change (Kap. 6).

In einem Pilot-Projekt werden die herausgearbeiteten Instrumente des Change-Controllings konsequent angewendet und die Ergebnisse werden bewertet (Kap. 7).

Abschließend wird die Anwendung der Theorie bezüglich Machbarkeit, Erfolgsparametern und Übertragbarkeit auf andere Change-Projekte bewertet (Kap. 8).

Dabei werden folgende Thesen verfolgt:

1. Evaluation und Controlling im Change sind mit vertretbarem Aufwand möglich;

---

[1] CAPGEMINI CONSULTING (2010: 79).

2. Erfolg im Change ist nicht messbar;
3. Evaluation und Controlling begründen Erfolg im Change Management.

Für das Pilot-Projekt im Rahmen dieser Arbeit konnte ein Kunde von SHS CONSULT gewonnen werden: die BKK Gildemeister Seidensticker in Bielefeld. Der in dieser Arbeit genannte „externe Berater" ist faktisch der Autor in seiner Beratungsrolle.

Die BKK Gildemeister Seidensticker hat durch ihr Interesse am Inhalt der Arbeit, ihre durchgängige Unterstützung und sehr vertrauensvolle Zusammenarbeit entscheidend zum Gelingen dieser Arbeit beigetragen. Dafür bedanke ich mich sehr herzlich und freue mich, wenn die Ergebnisse der BKK Gildemeister Seidensticker von Nutzen sind.

Für SHS CONSULT GmbH sind der andauernde fachliche Austausch zu Change Management und die Zusammenführung von Wissenschaft und Praxis wesentliche Erfolgsparameter für die Beratung unserer Kunden. Der Austausch in unserem Kreis der Gesellschafter – auch zum vorliegenden Thema – ist immer außerordentlich wertvoll, auch hierfür meinen herzlichen Dank.

Mein herzlicher Dank gilt auch meiner Frau Helga Kelle für Ihre Begleitung und Beratung.

# 4 Change Management. Der Diskurs zu Ergebnis, Vorgehensweise und Partizipation

## 4.1 Steigerung der Betriebsleistung durch Partizipation im Change Management

Die Anfänge des Change Management werden in der Literatur meist auf Kurt Lewin und die durch ihn angeregten Beratungskonzepte der Organisationsentwicklung (Organizational Development) Anfang der 1960er Jahre zugeschrieben[2]. LEWIN formulierte im gruppendynamischen psychologischen Kontext für Veränderungen ein Dreiphasen Modell „Auftauen – Wandel – Einfrieren", das treibende und widerstehende Kräfte der Beteiligten und Betroffenen berücksichtigt. Die Organisationsentwicklung übertrug dieses Konzept auf Unternehmen mit dem Ziel, das mit der Veränderung offensichtlich verbundene Absinken der Betriebsleistung während des Wandels zu minimieren. Veränderungen werden hier verstanden als außerordentliche Übergangssituationen zwischen stabilen Gleichgewichtszuständen, die die Regel in Organisationen darstellen.[3]

Die förderliche Wirkung der Partizipation auf eine schnelle Umsetzung von Veränderungen hatten bereits COCH und FRENCH (1948) mit Experimenten bei Produktionsumstellungen in der industriellen Fertigung nachgewiesen: Durch die frühe Information und eine Einbeziehung der betroffenen Monteure und Vorarbeiter sank die Produktionsleistung während der Umstellung geringer ab und stieg anschließend schneller wieder an.

---

[2] GREIF, RUNDE, SEEBERG (2004:56).
[3] Von ROSENSTIEL, COMELLI (2003:154 ff.).

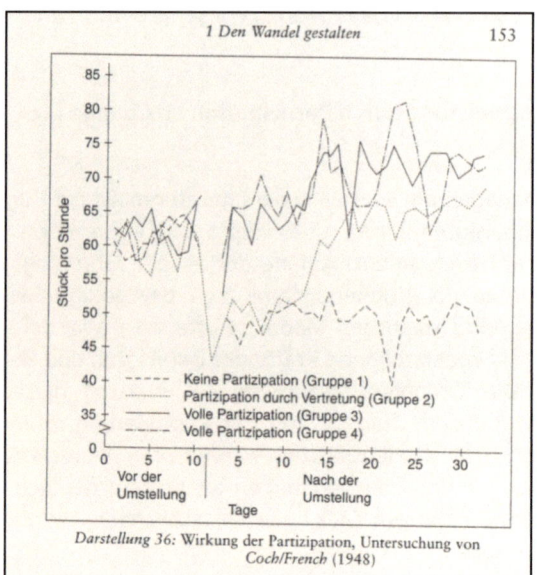

Abbildung 1: Wirkung der Partizipation auf den Output bei Veränderungen[4]

Ziel der Veränderung ist die erfolgreiche Umsetzung betriebswirtschaftlicher Ziele, nach KRÜGER (2006: 41) sind „Wandlungsvorhaben (...) Ausdruck von Unternehmensstrategien"; „von den Stoßrichtungen her betrachtet, geht es immer um Strategien des Abbaus, Umbaus oder Aufbaus von Geschäften." Der Sinn der Strategie ist die dauerhafte Sicherung des Überlebens der Organisation oder des Unternehmens im ständigen Entwicklungsprozess der Märkte.[5]

Diese Sichtweise des Change Management betont die Umsetzung eines Business Cases und stellt die Steigerung der Betriebsleistung oder des Outputs in den Mittelpunkt. Der Erfolg des Change Management misst sich demnach am betriebswirtschaftlichen Erfolg, und Partizipation ist ein geeignetes Mittel zu diesem Zweck.

### 4.2 Erfolgreiche Zielerreichung im Change Management

KOTTER (1996: S.19) führt die Notwendigkeit eines professionellen Change Management in Unternehmen auf die neue Herausforderung einer be-

---

[4] COCH/FRENCH 1948 nach von ROSENSTIEL, COMELLI (2003: 153).
[5] Vgl. für die systemtheoretische Diskussion zu Change Management u.a. SIMON (2004: 22 ff.).

schleunigten Entwicklung der Märkte zurück. Diese Marktentwicklung zeichnet sich nach seiner Sicht durch einen schnelleren technologischen Wandel, internationale Zusammenführung der Märkte, Reife der Märkte in Schwellen- und Entwicklungsländern und die Ausbreitung kapitalistischer Systeme in vormals kommunistischen/sozialistischen zentralen Verwaltungswirtschaften aus. Veränderung und Wandel sind so verstanden der Regelzustand in einer Organisation, und Stabilität bildet eher die Ausnahme. Angesichts dieser Anforderung und aus der Analyse problematischer Situationen in Veränderungen entwickelt KOTTER ein 8-stufiges Vorgehensmodell für erfolgreiches Change Management, das als Fahrplan für Change-Verantwortliche verstanden werden soll. Alle diese Stufen seien für ein erfolgreiches Change management zu absolvieren: „Succesful change of any magnitude goes through all eight stages, usually in the sequences shown (siehe Abbildung unten (M.H.) (...) Although one normally operates in multiple phases at once, skipping even a single step or getting too far ahead without a solid base almost always creates problems."

*Abbildung 2: KOTTER (1996: 21 ff.):The Eight-Stages Process of Creating Major Change*[6]

Dieser Gedanke des „richtigen Handelns zur richtigen Zeit" wurde aufgegriffen und findet sich in Handbüchern und wissenschaftlichen Veröffentlichungen wieder.[7] In der Regel fungiert ein „Phasenmodell" mit 5 bis 8 Stufen als Strukturierungsmodell zur zeitlichen Orientierung für die richtigen Ma-

---

[6] Eigene Abbildung.
[7] KRAUSS et al. (2006: 128); LEAO, HOFMANN (2007) und diess. (2009); KRÜGER (2006: 67).

nagement-Maßnahmen. Ein weiteres Beispiel hierfür liefert KRÜGER (2006: 67), nach ihm „(bilden) fünf Phasen (...) den Rahmen für eine Analyse der Aufgaben des Wandlungsmanagements"

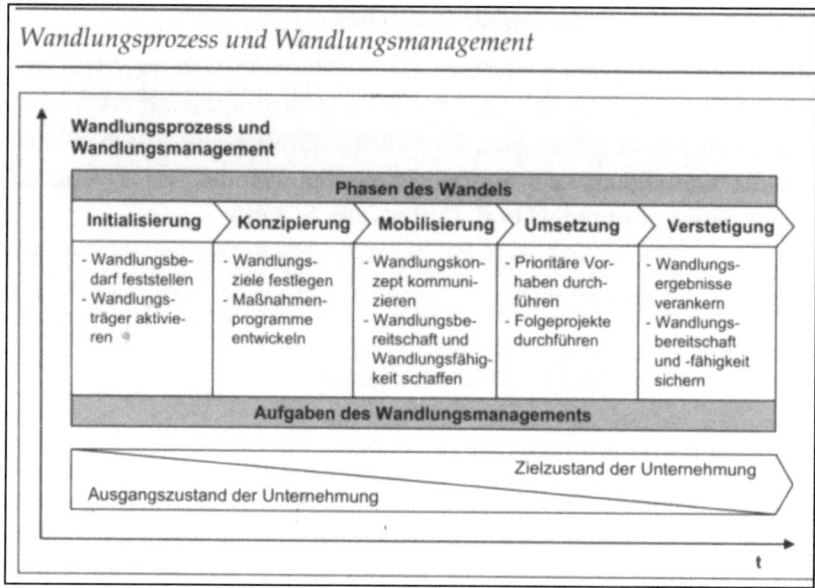

*Abbildung 3: Phasen des Wandels nach KRÜGER (2006: 67)*

KRÜGER vereint in der Grafik die Zielerreichung, also den Output des Change Managements mit dem Wandlungsprozess und Wandlungsmanagement, durch das die Veränderung erreicht wird. Wie KOTTER setzt er einen wesentlichen Fokus somit auf den Prozess des Change Management, diese Sichtweise misst Erfolg im Change Management also nicht nur am Output, sondern darüber hinaus auch am Prozess.

Change Management wird so verstanden professionelles Projektmanagement: „Change Management als Überbegriff für professionelles Management von Veränderungen" ist die „Strategie des geplanten und systematischen Wandels, der durch die Beeinflussung der Organisationsstruktur, Unternehmenskultur und individuellem Verhalten zu Stande kommt, und zwar unter größtmöglicher Beteiligung der betroffenen Arbeitnehmer."[8]

---

[8] KRAUSS et. al (2006: 15).

## 4.3 Veränderungskompetenz in der Lernenden Organisation

Der Aspekt der Partizipation und der Aspekt nicht voraussehbarer Entwicklungen der Märkte stellt Unternehmen zunehmend vor strategische Herausforderungen und veranlasst sie zu komplexen Veränderungsvorhaben, die sich durch eine Vielzahl von Bedingungsfaktoren und Verknüpfungen auszeichnen. Bereits in den 1970er Jahren haben AGYRIS, SENGE und andere das systemische Konzept der lernenden Organisation entwickelt, nach dem diese angesichts eines ständigen Wandels ihre Lern- und Wandlungskompetenz[9] professionell qualifizieren und ein permanentes organisationales Lernen erreichen, das ihnen die Anpassungsfähigkeit an veränderte äußere Systemanforderungen ermöglicht.[10]

GREIFF et al. (2004: 54) greifen dieses Konzept der lernenden Organisation auf, in dem sie definieren: „Veränderungsmanagement beschreibt einen wiederkehrenden Prozess der kontinuierlichen Exploration, Analyse und Evaluation und des Managements vieler kleiner und manchmal großer vorhersehbarer und unvorhersehbarer Probleme und Erfolgsrisiken sowie der Erfolgsfaktoren und -chancen bei organisationalen Veränderungen." Sie greifen weiter die Komplexität der Veränderungsvorhaben angesichts der vielfältigen Konstruktion und Bewertung durch die Beteiligung in der Zieldefinition auf: „Allgemeines Ziel des Veränderungsmanagements ist ein hoher Zielerreichungsgrad beim Erreichen gesetzter Ziele und eine positive Evaluation der Maßnahmen, Ergebnisse und Folgen durch die einflussreichen Schlüsselpersonen und -gruppen innerhalb und außerhalb der Organisation. Ideal ist, wenn alle relevanten Personen/-gruppen die Veränderung (...) mit dem Label „Erfolg" versehen."[11] Nach dieser Definition gibt der Erfolg dem Handelnden Recht und zur Bewertung werden die Beteiligten und ihre Kommunikation – also die Elemente des Systems „Unternehmen" und der relevanten Umwelt – herangezogen. Die europäische systemische Sichtweise unterscheidet sich hier (ähnlich wie in der Führungsliteratur) von der amerikanische Kultur, den „Big Man" hervorzuheben, der die entscheidenden Handlungen vornimmt.[12]

---

[9] Vgl. auch das Konzept der „Wandlungsfähigkeit" und „Wandlungsbereitschaft" bei KRÜGER 2006.

[10] ARGYRIS (1997), SENGE (2003), GOMEZ, PROBST (1999), vgl. auch HOFMANN (2010).

[11] GREIF et. al. (2004: 54).

[12] In der neueren Diskussion zu Führungsstilen die Ansätze von Führungsstilen stehen die amerikanische Ansätze von BASS;AVOLIO (1994), CONGER; KANUNGO (1998) zu charismatischer und transformativer Führung im Gegensatz zur Sichtweise der deutschen (bzw. österreichischen) Systemtheoretiker WIMMER (2006); SIMON

## 4.4 Change Management als Kommunikation für Innovationen

Während die „lernende Organisation" ein sich ständig wandelndes System ist, zeichnen sich einzelne Change-Projekte nach den beschriebenen Modellen idealerweise durch einen Anfang und ein Ende und einen linearen Verlauf über mehrere Phasen aus. Den Zusammenhang zwischen der ständigen Entwicklung in einer Organisation und dem einzelnen Change-Projekt stellt das Modell des „Change-Kreisels" dar.[13]. Es berücksichtigt, dass sich mehrere Change-Projekte zunehmend überlagern und in der Beschleunigung der Marktanforderungen mittlerweile in einem Unternehmen regelmäßig mehrere bis zahlreiche Veränderungsprojekte parallel stattfinden.[14] Die Aufmerksamkeit der Initiatoren und Beteiligten fokussiert sich entsprechend differenziert auf verschiedene Handlungsfelder in verschiedenen Zeiträumen, der Initiator ist in der Umsetzung häufig nicht mehr in dem Maße involviert wie die Phasenmodelle von KOTTER und KRÜGER idealtypisch annehmen, sondern bereits mit der nächsten Veränderung betraut. Ein „Multi-Change Management"[15] ist dabei noch sehr wenig ausgebildet, wie die jährliche Cap Gemini Studie (2010) belegt: Auf ihre Frage an 116 Führungskräften aus Großunternehmen und großen mittelständischen Unternehmen, überwiegend aus Deutschland, Schweiz und Österreich: „Wie werden voneinander abhängige Veränderungsprozesse in Ihrem unternehmen miteinander koordiniert?" antworten nur 21% mit „Sehr gut" oder „Gut".[16]

Im Change-Kreisel ist das Ziel jedes Change Management definiert als das Einvernehmen unter den (relevanten) Beteiligten zu einer Veränderung oder Innovation und die Umsetzung dieser Veränderung mit den vorhandenen Kräften. Veränderungen können sich dabei auf Werte, Strategien, Produkte, Prozesse, Strukturen oder Personen beziehen.[17].

Change Management ist ein Prozess zwischen Initiatoren und weiteren Beteiligten in der Entwicklung und Umsetzung der Veränderungen, in diesem Prozess sind die Steuerung und der Arbeitsteilung im Projekt als wesentlicher Faktor des Change Managements erkennbar.

---

(2004) und BAECKER (2009), die Führung als systemische Funktion darstellen. Vgl. auch NEUBERGER (2002).

[13] HOFMANN (2009a: 12–21).
[14] Vgl. STOCK HOMBURG (2007: 796).
[15] HOFMANN (2009b: 381–388).
[16] CAPGEMINI CONSULTING (2010: 28).
[17] HOFMANN (2009a: 13).

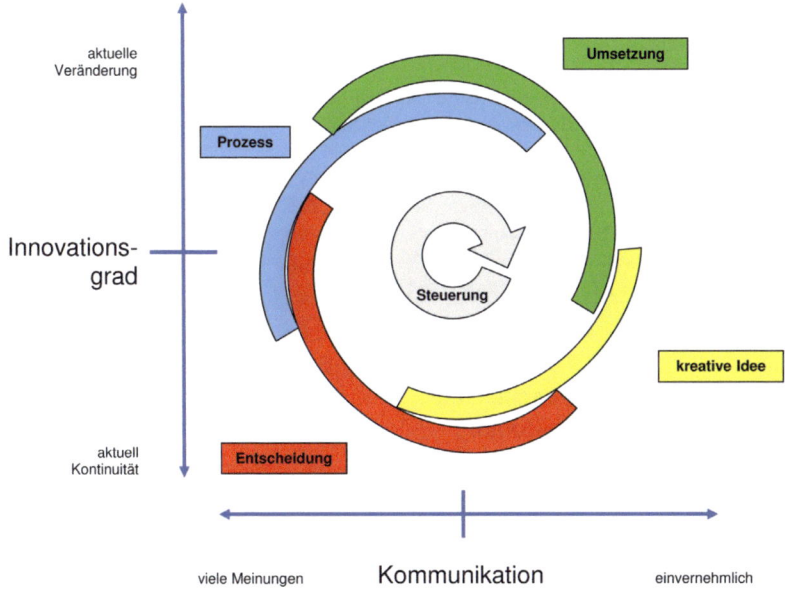

*Abbildung 4: Das Modell des Change Kreisels (Hofmann 2009: 14)*

Dieses Modell stellt die Bewegung der Systemelemente und ihre Kommunikation während eines Change-Projektes dar. Es erlaubt eine Standort-Analyse und eine Kommunikationsplanung, auch für mehrere Projekte zur gleichen Zeit. Wir führen so die drei oben genannten Sichtweisen zusammen: Der Output der Veränderung ist die Innovation, der Erfolg misst sich an der Annahme durch die Kunden. Der Prozess ist nicht in einem Stufenmodell fixiert, sondern in der Gestaltung des Kommunikationsprozesses zwischen den jeweils relevanten Beteiligten aufgehoben, wobei relevante Schnittstellen aufgezeigt sind. Somit ist die Sichtweise der Partizipation und Aktivierung der relevanten Personen ebenfalls in diesem Modell enthalten.

### 4.5  Definition des Change Management als Basis für Erfolgsmessung

Die verschiedenen historischen Sichtweisen zu Change Management könne wie folgt in einer Definition zusammen geführt werden, die als Basis für die Erfolgsmessung und das Controlling in Change-Projekten dienen soll:

> Change Management ist die Umsetzung eines strategischen Zieles mittels einer bedeutenden Veränderung in einem Unternehmen oder einer Organisation durch die Führung und Aktivierung der relevanten Personen und Gruppen mit Hilfe eines effizienten Projektmanagements.
> Strategische Ziele werden in einem Business Case dargestellt: Die strategischen Erfolgsziele, die durch die Veränderung erreicht werden sollen, werden definiert und die Zielerreichung verfolgt.
> Führung und Partizipation werden so gestaltet, dass die relevanten Personen und Gruppen für die Veränderung angemessen angesprochen, beteiligt und aktiviert werden[18].
> Ein effizientes Projektmanagement designt den Prozess einschließlich Kommunikation, Steuerung und Evaluation und steuert das Veränderungsprojekt mit allen tagesaktuell notwendigen Veränderungen während der Laufzeit zum Erfolg.

Diese umfassende Sichtweise zu Change Management entspricht den Ergebnissen der CAPGEMINI (2010: 27). Als Erfolgsfaktoren für erfolgreiche Veränderungsprojekte nannten die Führungskräfte (bei drei möglichen Nennungen) als erste vier Faktoren:

- Mobilisierung und Commitment herstellen (66%) (entspricht „Führung")
- Situation und Umfeld analysieren und verstehen (51%) (entspricht „Strategie, Business Case")
- Führung fördern (35%) (entspricht „Führung und Partizipation")
- Organisation und Prozess erfassen und designen (27%) (entspricht „Projektmanagement")

---

[18] Zur Ungleichzeitigkeit im Change siehe auch SINNHOLD (2007).

Abbildung 5: Change Management Definitionen und Change Management-Rahmen

## 4.6 Kategorien von Veränderungen

Veränderungen werden je nach Anlass, Gegenstand und Unternehmensebene unterschieden und bezüglich des methodischen Ansatzes im Change Management differenziert betrachtet:

Ein Unterscheidungsmerkmal ist der **Auslöser für Veränderungen**: Je nach Auslöser lassen sich vom Unternehmen selbst initiierte Veränderungen im Sinne vorauseilender Marktanpassung differenzieren von durch den Markt erzwungenen reaktiven Veränderungen.[19] Im zweiten – überraschenden – Fall, der auch Krisensymptome zeigen kann, sind Analyse- und Planungszeiten wesentlich kürzer und entsprechend auch die Evaluationsprozesse nachrangiger gegenüber der Existenzsicherung.

Veränderungen werden je nach **Fokus** unterschieden, auf den sich die Veränderung richtet, seien es die Unternehmenskultur, die Strategie, die Organisation (Struktur) oder die Prozesse, die verändert werden.[20] Ähnlich unterscheiden LEVY und MERRY zwischen inkrementellen Veränderungen der Arbeitsweise einer Organisation und grundlegenden Änderungen der

---

[19] STOCK-HOMBURG (2007: 796); LEAO, HOFMANN (2007: 11 f.); GREIF et.al (2004: 29).
[20] STOCK-HOMBURGER (2007: 802).

Arbeitsweisen und Rahmenbedingungen einer Organisation[21]. Kulturelle Veränderungen, zum Beispiel der Wandel eines Führungsstils oder die Zusammenführung zweier Unternehmen in einem Merger wird als schwieriger bezüglich des Controllings gesehen, da sich kulturelle Ausprägungen schwieriger in Zahlen des internen Rechnungswesens abbilden lassen als Prozessdaten.

Mit den Begriffen **Makro-, Meso- und Mikroebene** unterscheidet KRÜGER Veränderungen des gesamten Unternehmens von denen in Bereichen bzw. in Teams.[22] Je umfangreicher die Veränderung, desto komplexer werden Evaluation und Controlling des Change Managements.

Für die Fragestellung der vorliegenden Arbeit stehen selbst initiierte Veränderungen auf der Makroebene im Fokus, die die Arbeitsweise und die Kultur einer Organisation inkrementell verändern. Das initiative Change Management ermöglicht eine Planung von integriertem Controlling und Evaluation, die Makro-Ebene interessiert besonders wegen der Integration der Bereiche „Finanzen und Controlling" und „Unternehmensentwicklung" in einem vom Vorstand geleiteten Projekt. Die Fokussierung auf Arbeitsweise und Kultur interessiert bezüglich der Messbarkeit kultureller Veränderung. Die Konzentration auf inkrementelle Veränderungen entspricht der häufigeren Anwendungspraxis.

Das gewählte Pilotprojekt entspricht dieser Kategorie, das Unternehmen ist mit ca. 400 Mitarbeitern dem Mittelstand zuzurechnen.

---

[21] LEVY, MERRY (1986), zit. nach GREIF et.al (2004: 30).
[22] KRÜGER (2006: 39 ff.).

# 5 Evaluation und Controlling - Aspekte für Change-Projekte

## 5.1 Evaluation

Unter Evaluation versteht man im betriebswirtschaftlichen Kontext eine systematische Prüfung und Bewertung einer Organisation, eines Prozesses, eines Projektes o. ä., wobei die Basis der Bewertung Standards oder festgelegte Pläne sind und das Ergebnis weiterführend nutzbar sein soll.[23] Evaluation ist ein zentrales Instrument, um eine Qualität sicherzustellen und zu kommunizieren, dabei wird „Qualität" verstanden als die „Gesamtheit von Merkmalen (...) einer Einheit bezüglich ihrer Eignung, festgelegte und vorausgesetzte Erfordernisse zu erfüllen"[24]. Evaluationsergebnisse sind daher häufig ein Marketinginstrument in der Form von Zertifizierungen, das Beteiligten und potentiellen Partnern eine zu erwartende Leistung, also die Übereinstimmung der Leistung mit bekannten Standards, plausibel belegt.

In diesem Sinne bedarf es für eine Evaluation einer Festlegung der Standards, der Erhebung und der Auswertung. Evaluation ist ein (häufig wiederum standardisierter) Prozess mit den Schritten Planung geeigneter Messgrößen und Messinstrumenten, Erhebungszeiten und Auswertungsschemata. Dieser Prozess ist häufig selbst wiederum standardisierbar und evaluierbar: „Evaluation ist ein auf wissenschaftlichen Erkenntnissen beruhendes Handeln, das auf eine absichtsvolle, ziel- und/oder kriteriengeleitete Bewertung abzielt"[25].

Entsprechend der differenzierten Betrachtung von Qualität hinsichtlich des Ergebnisses, der Vorgehensweise und der Struktur, unterscheiden auch GREIF et al. (2004) für Change-Projekte zwischen summativer Evaluation – die das Ergebnis evaluiert und formativer Evaluation, die den Prozess evaluiert. [26]

---

[23] BEHRMANN, FREY (2003: 53).
[24] DIN-EN-ISO 8402 – zitiert nach MÄTHNER, JANSEN (2005: 6).
[25] MÜNCH, J. (1994).
[26] GREIF et al (2004: 328): „Die Bewertung des Verlaufs und der Ergebnisse von zeitlich befristeten Projekten oder unbefristeten Veränderungen oder Veränderungsprogrammen nennt man Evaluation. Man unterscheidet zwei Arten: (1) Prozessevaluation (auch formative Evaluation) und (2) Ergebnisevaluation (auch summative Evaluation). Die Prozessevaluation zielt darauf ab, möglichst noch im Verlauf der Veränderungen – im Prozess – Maßnahmen zur Gestaltung (gewissermaßen zum Umformen) und Verbesserung abzuleiten. Die Ergebnisevaluation dient dagegen der zusammenfassenden (bei Projekten auch abschließenden) Bewertung der Ergebnisse der Maßnahmen.

In Coachingprozessen, also der Beratung einzelner Personen mit Veränderungsanliegen, wird weitergehende differenziert unterschieden zwischen

Inputevaluation: Evaluation der verwendeten Ressourcen, d. h. des personellen, zeitlichen und sachlichen Aufwandes;

Outputevaluation: Evaluation des direkt erreichten Ergebnisses;

Outcomeevaluation: Evaluation der längerfristigen nachhaltigen Veränderungen;

Prozessevaluation: Evaluation der behandelten Themen und des methodischen Vorgehens;

Zielevaluation: Evaluation der verschiedenen Erwartungen, der Ziele und des Kontraktes[27].

## 5.2 Controlling

Die Disziplin des Controlling ist aus dem internen Rechnungswesen entstanden. Als Dienstleister des Führungssystems im Unternehmen nutzt die Organisationseinheit des Controlling das Rechnungswesen und weitere Quellen für die Bereitstellung von Informationen in Planungs- und Kontrollprozessen. Controlling unterstützt so durch seine koordinierende Tätigkeit die Führung bei der Erreichung der Ergebnisziele.[28]

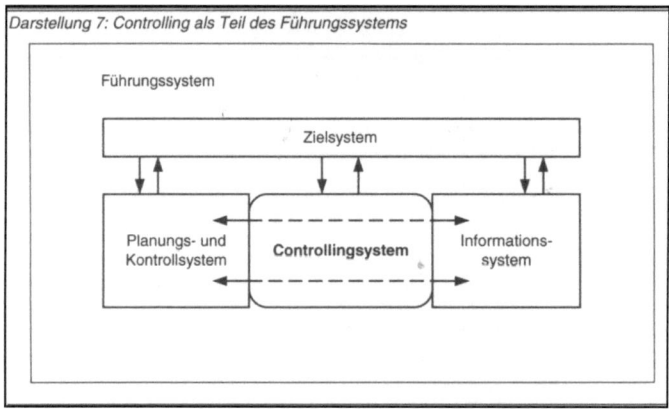

*Abbildung 6: Controlling nach BRÜHL* [29]

---

[27] MÄTHNER, Evelyn; JANSEN, Anne (2005), S. 10 ff.
[28] BRÜHL (2004: 33 f.).
[29] BRÜHL (2004: 36); für, Verfahren zur Ermittlung des Unternehmenswertes siehe ZEIS, Sandra (ohne Jahr).

Die Kosten- und Erfolgsrechnung dient der Planung auf Grundlage der Analyse vergangener Perioden, der vorhandenen Potentiale und der Analyse der Absatz- und Beschaffungsmärkte. Ziel eines Erfolgscontrollings ist die Bereitstellung von Daten für unternehmerische Entscheidungen, durch die ein Unternehmen auch in Zukunft Gewinne erwirtschaften wird. Der Erfolg eines Unternehmens bemisst sich so verstanden an der Veränderung des Unternehmenswertes im Sinne der diskontierten Summe zukünftiger Cash-Flows. Eine Steigerung des Unternehmenswertes ist ein positiver Erfolg.

Controlling vergleicht Planung und Umsetzung (Soll und Ist) mittels gemessener Kennzahlen. Messen ist der Vergleich wahrnehmbarer Größen mit vereinbarten Standards (Maßstäben). Die Steuerungsfunktion verläuft in einem Steuerungskreislauf: Aus der Gesamtplanung (Business-Case) werden Kennzahlen zur Messung und Steuerung detailliert und mit Erfolgs-Größen definiert (Planung). Die Kennzahlen werden in vereinbarten Abständen erhoben (Messen), die Übereinstimmung oder Differenz zwischen den Erfolgsgrößen und den faktisch erhobenen Werten werden interpretiert und gehen in die angepasste Planung der weiteren Perioden ein.

Die Begriffe der Evaluation und des Controlling werden in der Literatur insbesondere im Zusammenhang mit Change Management nicht trennscharf genutzt. Im Weiteren wird Evaluation als den umfassenden Begriff für Ergebnis- und Prozessbewertung genutzt, und mit Controlling die Kennzahlorientierte Form der Evaluation bezeichnet. Während in der Evaluation auch analoge Auswertungen denkbar sind, konzentriert sich Controlling in der Datenerhebung und Datenkommunikation auf Kennzahlen und digitale Werte. Für jede Evaluation (und damit auch für das Controlling) gilt dabei ein umfassendes prozessuales Verständnis von Erhebungsplanung, Datenerhebung und Bereitstellung interpretationsfähiger Daten zur Steuerung für das Führungssystem. Für eine periodengenaue Steuerung durch das Führungssystem im Sinne einer zeitnahen Plananpassung ist also die periodengenaue Informationsbeschaffung (Messung) und Interpretation unabdingbar.

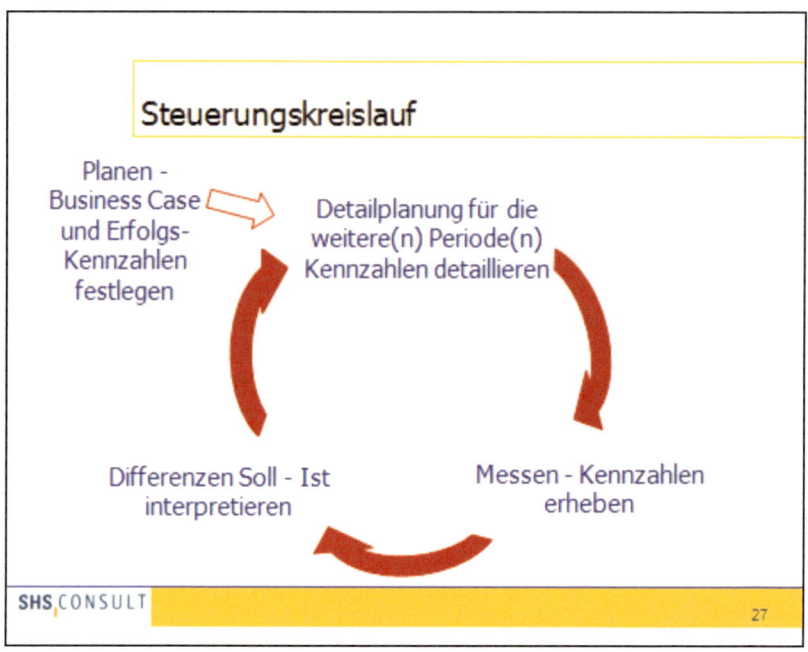

*Abbildung 7: Steuerungskreislauf im Controlling*

ROSENSTIL und COMELLI beschreiben diesen Steuerungskreislauf auch als Bestandteil von Lernprozessen in der lernenden Organisation: Problemerkennung ➔ Datensammlung ➔ Organisationsdiagnose ➔ Daten-Rückkopplung an die Betroffenen ➔ Maßnahmenplanung ➔ Maßnahmendurchführung➔ Erfolgskotrolle ➔ Datensammlung ➔ s. o. „Auf diese Weise ergibt sich ein ständiger Kreislauf von Diagnose, Aktionen und Evaluation. Die Organisation lernt."[30]

ROSENSTIEL und COMELLI nutzen hier den Begriff der Evaluation und nicht den des Controllings, denn Daten sind für sie auch analoge Informationen.

## 5.3 Projektcontrolling

Der Erfolg einer Investition oder eines Projektes lässt sich als Return on Investment (RoI) beziffern, indem der erwirtschaftete Cash-Flow dem investierten Kapital gegenübergestellt wird:

---

[30] ROSENSTIEL, COMELLI (2003: 180 f.).

$$\text{RoI} = \frac{\text{Cashflow}}{\text{investiertes Kapital}} * 100$$

Der Erfolg eines einzelnen Projektes bemisst sich so verstanden an seinem Beitrag zur Steigerung des Unternehmenswertes. Das genauere Verfahren zur Bestimmung dieses Beitrages ist die Kapitalwertmethode, die die Summe aller Ein- und Auszahlungen periodenpräzise diskontiert berechnet.[31]

$$KW = \sum_{t=1}^{T} \frac{(CF)t}{(1+i)^t} - I_0$$

KW = Kapitalwert
(CF)t = Cash-Flow der Periode t (Einzahlungen – Auszahlungen)
i = Zinssatz
T = letzte Periode des Projektes
Io = Anfangsinvestition

Ein Problem sowohl bei der Berechnung des RoI als auch beim Kapitalwert ist die korrekte Ermittlung des Cashflows, also aller Ein und Auszahlungen, die dem Projekt zuzuordnen sind. In Change-Projekten sind die anfallenden direkten Kosten (Auszahlungen) leichter zu identifizieren als die Einzahlungen, die durch die Veränderung direkt und indirekt erwirkt werden.

Indirekt lässt sich der Beitrag eines Projektes zur Steigerung des Unternehmenswertes ermitteln, wenn idealtypisch die Veränderung des Unternehmenswertes isoliert auf dieses Projekt zurückzuführen ist.

Im Projektmanagement sind eine Vielzahl von Controllinginstrumenten bekannt und üblich, z. B. die Meilensteintrendanalyse, die Pufferzeitanalyse und der Critical Path im Zeitmanagement[32].

### 5.4 Prozesscontrolling

In der Prozesskostenrechnung wird ein Prozess, also „eine auf die Erbringung einer Leistung gerichtete Kette von Aktivitäten"[33] zur Leistungserbringung

---

[31] BRÜHL (2004: 72 f.).
[32] Aus der umfangreichen Projektmanagementliteratur beispielhaft: PFETZING, ROHDE (2006: 230, 298, 268 ff, 300, 305 ff.).
[33] HÖRVATH, MEYER (1989: 16), zit. nach BRÜHL (2004: 136).

quantitativ analysiert. Das Ziel der Prozessoptimierung ist nur sinnvoll bei gleichartig wiederkehrenden Abläufen und Rahmenbedingungen.[34]

Typische Prozesskennzahlen sind Durchlaufzeiten, Wartezeiten, Reklamation (Qualität).

Wird der Ablauf eines Projektes als Prozess mit wiederkehrenden, gleichartigen und wiederholbaren Leistungen oder Teilprojekten verstanden, kann eine Prozesskostenrechnung Informationen zur Effizienz des Projektes bieten. Ein solches Projekt-Prozess-Controlling bietet sich insbesondere in projektgetriebenen Unternehmen an, bei denen die Bearbeitung inhaltlich sehr unterschiedlicher Aufgaben nach gleichen Standards geschieht. Dies gilt zum Beispiel auch für Beratungsunternehmen im Change Management, die die Planung, Steuerung, Kommunikation und Evaluation in Veränderungsvorhaben gleichartig gestalten. Als Kennzahlen im Prozesscontrolling bieten sich vor allem Kennzahlen zu Qualität, Kosten und Laufzeit der einzelnen Teilprozesse und Steuerungsprozesse an, außerdem die Betrachtung von Qualität, Laufzeit und Kosten des Gesamtprozesses. Die Ergebnisse dienen insbesondere der kontinuierlichen Verbesserung bei wiederkehrenden Projektabläufen.

---

[34] BRÜHL (2004: 138).

## 6 Erfolgsmessung im Change Management

Obwohl die Bedeutung durchgängigen Controllings und Monitorings von Change-Prozessen auch unter Change-Managern unstrittig ist, werden konkrete Instrumente eher selten eingesetzt.[35] Dies überrascht um so mehr, als die für Change und für Controlling verantwortliche Gruppe der Manager in einer Befragung 2010 einschätzen, dass lediglich 1/8 aller Change-Vorhaben ein voller Erfolg im Sinne einer annähernd 100%-igen Zielerreichung seien.[36] Angesichts des selten eingesetzten Controllings kann dies allerdings nur eine sehr subjektive Einschätzung sein.

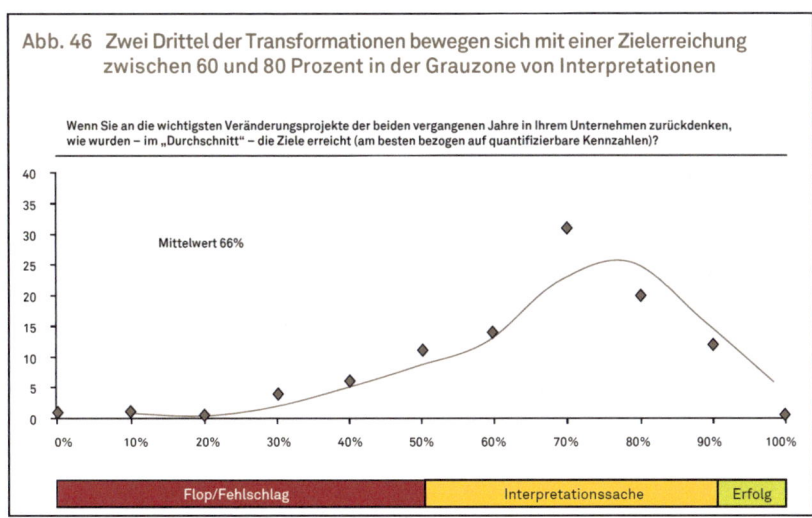

*Abbildung 8: Capgemini Studie 2010*

KRAUS nennt vier Gründe für das geringe Interesse an Change-Controlling:

- Auswirkungen zeigen sich nicht sofort, sondern erst nach einiger Zeit;
- Höhere Führungskräfte richten ihr Augenmerk bereits während der laufenden Veränderungsprozesse auf andere Fragestellungen

---

[35] CAPGEMINI Consulting Berlin (2005), wiedergegeben nach LANG, ZANGL (2008: 103).
[36] CAPGEMINI (2010: 79), vgl. auch vgl. HOUBEN et al (2007): ähnliche Zahlen (20 % „complete success"), wiedergegeben nach LANG, ZANGL (2008), S. 103. Nach von GREIF et. al. (2004: 20) gesichteten Studien werden „in mehr als 60 % der Fälle bei Veränderungen die Ziele nicht erreicht".

und kümmern sich zu wenig um den Abschluss und den Erfolg abgeschlossener Veränderungsprozesse;
- Die Kausalität zwischen Veränderung und unternehmerischem Erfolg ist häufig nicht eindeutig (Erfolg kann mehrere Ursachen haben). Ein „echtes Ergebniscontrolling bedarf eines komplexen Instrumentariums, das entsprechend aufwändig ist";
- Kritische Ergebnisse sind nicht gewünscht, mit einem „Reinfall" möchte niemand in Verbindung gebracht werden.[37]

Ein weiterer Hinderungsgrund sind nach CAPGEMINI (2010: 72) die hohen Kosten der Nutzenmessung, zum Beispiel durch Interviews, die nach einem plausiblen positiven Ergebnis und angesichts anstehender neuer Herausforderungen gescheut werden.

Angesichts dieser Umstände stellt sich die Frage, wie ein akzeptiertes effektives und effizientes Erfolgs- und Prozesscontrolling (bzw. eine summative und formative Evaluation) im Change Management implementiert werden kann.

## 6.1 Erfolg im Change Management

„Erfolg" ist ein zentraler Aspekt in empirischen Studien zu Veränderungen. STOCK HOMBURG (2007: 847 ff.) identifiziert in der Auswertung von 137 quantitativen empirischen Studien, die zwischen 1990 und 2006 in führenden nationalen und internationalen englischsprachigen Zeitschriften erschienen, etwa 1/5 Untersuchungen, die Phasenmodelle analysieren. Die Mehrzahl der Arbeiten konzentriert sich auf die Untersuchungen der Einflussgrößen (Merkmale der Umwelt, Merkmale des Unternehmens, Merkmale des Top Managements) und auf die Erfolgsauswirkungen von Veränderungen (auf der Unternehmensebene und auf der Ebene des Individuums).

Ein „gebräuchliches allgemeines Kriterium (für Erfolg) ist der Zielerreichungsgrad der Veränderung: Eine Veränderung, die ihre Ziele zu 100% erreicht, wird oft als 100%iger Erfolg angesehen."[38] Der Erfolg bemisst sich hier also nicht wie im Kapitel „Controlling" dargestellt an der Veränderung des Unternehmenswertes, sondern an spezifisch gesetzten (vereinbarten) Zielen. Es kann angenommen werden, dass die unternehmerischen Ziele die Steigerung des Unternehmenswertes beinhalten.

---

[37] KRAUS et al. (2006: 176 f.), zu Punkt 2 vgl. auch „Ungleichzeitigkeit im Change" HOFMANN (2009a: 18).
[38] GREIF et al (2004: 30).

Die Gleichsetzung von „Erfolg" und „100%iger Zielerreichung" ist bei fixierten quantitativ definierten Zielen möglich, zum Beispiel bei Zielen bezogen auf Wertschöpfungsergebnis oder Unternehmenswert, die sich in Kennzahlen wie EBIT oder Kapitalwert bemessen lassen. Schwieriger wird es bei sich im Prozess entwickelnden oder verändernden Zielen durch nicht vorhersehbare Einflussgrößen. Eventuell war die Veränderung hervorragend, die Zielformulierung aber zu ambitioniert oder leichtfertig. Typischerweise komplizierter zu bemessen sind Ziele wie „Kundenzufriedenheit" oder „Mitarbeiterzufriedenheit", besonders herausfordernd ist eine quantifizierte Zielformulierung bezüglich der internen Zusammenarbeit, Kommunikation und Führung. Komplex ist die Erfolgsbewertung, wenn mehrere Ziele gleichzeitig erreicht werden sollen, oder unerwartete Nebeneffekte auftreten. Im hier bearbeiteten Pilotprojekt in der BKK Gildemeister Seidensticker z. B. war die (erfolgreiche) Information und Ausrichtung aller Mitarbeiter zu und auf die Ziele vom unerwarteten Effekt begleitet, dass leistungsschwache Mitarbeiter auffielen und eine steigende Fluktuationsrate Personalbeschaffungskosten auslöste. Es stellt sich die Frage: Wie soll dieser Effekt auch bezüglich des Zieles „zufriedene Mitarbeiter" für den Erfolg bewertet werden?

Erfolg ist angesichts der Vielfalt der Ergebnisse eines Changes auch immer eine Bewertung je nach Interessenlage und Gewichtung unterschiedlicher Kategorien. Es liegt in der Natur der gegenläufigen Interessen, dass Unternehmensführung und Mitarbeitervertretung ein Kosteneinsparprogramm zu Lasten der Belegschaft unterschiedlich bewerten. Auch in jedem Vorstand sind fachliche Interessenunterschiede je nach organisationaler Funktion unvermeidlich und eine Bewertung eines Erfolges einer Veränderung bei mehrdimensionalen Ergebnissen damit immer ein politischer Aushandlungsprozess im Unternehmen.

GREIF et. al. (2004: 38) definieren auf Grund dieser sozialen Prozesse in einer Veränderung den „Erfolg als Labeling und soziale Konstruktion". Die Schlüsselpersonen weisen einer Veränderung das Label „Erfolg" oder „Misserfolg" zu[39], dieser Prozess beruht auf dem „Vergleichen der resultierenden Veränderungen mit den erwartenden Zielen und beobachteten Ergebnissen (1) anhand *objektivierbarer Daten (Messwerte oder Beobachtungdaten)* und (2) auf einer sozialen Validierung der *subjektiven Meinungen und Einschätzungen* durch akzeptierte Schlüsselpersonen und –gruppen."

---

[39] GREIF et al. (2004) S. 37. Vgl. auch BRÜHL (2004), S. 66 „(...) Erfolg eine Größe ist, die (...) von den subjektiven Wertungen im Unternehmen geprägt ist (...)" BRÜHL folgert, dass Management mit Controlling konsistente Vorstellungen entwickeln sollte, zu welchem Zweck Erfolge im internen Rechnungswesen ermittelt werden (ebd.), „Erfolg" wird also im Dialog verhandelt und definiert.

Diesem Gedanken entsprechend haben BÖTTCHER, KESSELER und STRIK-KER (2008: 56) die Evaluation eines Change Projektes in einem Pharma-Außendienst angelegt, für den ein betriebswirtschaftliches Ziel mit Kennzahlen zur Zielerreichung definiert war, und ein anderes Ziel (die verbesserte Kommunikation und Motivation der Führungskräfte) ohne Kennzahl vereinbart war. Zur Evaluation der Veränderung wurden die Zielgruppe, die Führungskräfte und eine Stichprobe der von ihnen geführten Mitarbeiter zum Ende des Change-Projektes zu den wahrgenommenen Auswirkungen befragt. Die Antworten sind jeweils sehr positiv ausgefallen und bestärken die gemeinsame Meinung, diese Veränderung sei erfolgreich verlaufen.

### 6.2 Zieldefinition und Change Scorecard

Angesichts mehrdimensionaler Ziele für Veränderungen in Unternehmen differenzieren BACH und STEINHAUS Ziel- und Controllingebenen:

Bezogen auf das ERGEBNIS das sie in Anlehnung an HAHN HUGENBERG (1991) differenzieren in

- Wertziele, deren Ausmaß sich in monetären Einheiten bewerten lassen;
- Leistungsziele, die sich an der Herstellung eines bestimmten Ergebnisses faktisch erkennen lassen (Produkterstellung, Abbau-, Umbau-, Aufbauprogramme);
- Sozialziele, die sich auf Verhaltensweisen „der Unternehmung gegenüber ihren Mitarbeitern" beziehen[40];

Bezogen auf den PROZESS:

- Programmablauf, d. h. die Abwicklung des „Transformationsprozesses" und das Controlling der Projektprozesse[41];
- Effizienz des Veränderungsprozesses im Sinne einer Kostenrechnung[42].

STRICKER (1997) entspricht dieser Unterscheidung mit der Erfolgsmessung mittels rechnungswesenbasierter Kennzahlen (Leverage, Liquidität, Profitabilitätsverhältnis etc.)[43], Leistungsdaten, die sich an der externen Wertschöpfung für den Kunden orientieren[44], Prozesskennzahlen[45], also insgesamt Messgrößen, die in den Unternehmenswert eingehen.[46]

---

[40] BACH, STEINHAUS in KRÜGER (2006: 315).
[41] BACH, STEINHAUS in KRÜGER (2006: 317 ff.).
[42] BACH, STEINHAUS in KRÜGER (2006: 324 ff.).
[43] STRICKER (1997: 162).
[44] STRICKER (1997: 165).

Bezüglich des Prozesscontrollings berücksichtigt er über den Programmablauf und die Kostenrechnung hinaus „Lernbedingungen, Lernprozesse und kognitive Strukturen des Unternehmens"[47], er integriert hier soziale und kulturelle Faktoren im Unternehmen, die die Veränderung maßgeblich beeinflussen, vergleichbar der „Wandlungsfähigkeit" eines Unternehmens nach KRÜGER (2006: 32)

Eine noch umfassendere Bewertung der Zielerreichung im Change findet ihr Vorbild in der Balanced Scorecard nach KAPLAN und NORTON (1997). GREIF et al. (2004: 33,37) orientieren sich entsprechend der Auswertung ihrer internationalen Erhebungen unter Geschäftsführern, Projektmanagern, Betriebsräten, Mitarbeitern und Beratern an der Balanced Scorecard und empfehlen als Evaluationskriterien:

- Wirtschaftliche Effizienz, gemessen an quantitativen und qualitativen Kriterien;
- Verbesserung für externe Kunden, gemessen an Kundezufriedenheit und Reklamationsindizes;
- Verbesserungen für die Mitarbeiter/innen, gemessen an Zufriedenheit, Gesundheit, Arbeitsplatzsicherheit etc.;
- Innovationsverbesserungen, gemessen an Offenheit für zukünftige Veränderungen und der Entwicklung einer lernenden Organisation;
- Allgemein, gemessen an Zufriedenheit der Geschäftsführung und Zielerreichungsgrad.

LANG, ZANGL (2008: 112) folgen dieser Idee mit einer „Change Scorecard", sie sehen den Nutzen des Scorecard Prinzips insbesondere in der Offenlegung der Ursache-Wirkung Beziehungen: „In the context of a change process, the Scorecard approach is suitable for determing the current, actual state of the company and the target state that is desired from individual perspectives. The innovation and learning perspective (also called the staff perspective) is of particular importance in this context; it depicts the ratios relating to the general willingness – i. e. even the change-controlling process itself – can also be analyzed and optimized with the help of this 'Change Scorecard'"

Die Change Scorecard kann ein standardisiertes Instrument zur vergleichenden Evaluation unterschiedlicher Change-Prozesse sein und bietet mit der

---

[45] STRICKER (1997: 168).
[46] STRICKER, (1997: 153).
[47] STRICKER (2007: 151).

Hinterlegung der Kennzahlen zu den einzelnen Zielen die wesentliche Verbindung zum Controlling.

## 6.3 Return on Change Management und Return on Change

2008 stellte CAPGEMINI CONSULTING (2008: 53) erstmals ihr Instrument des "Return on Change Management" vor, abgekürzt RoCM. Ein Business Plan für ein Change Management Projekt ist nach Ansicht von CAPGEMIN CONSULTING ähnlich schwierig belegbar ist wie einer in den Managementfelder Weiterbildung, Personalmarketing, Werbung, Public Relations und Kundenbindung. Gleichzeitig ist zum Beispiel die Plausibilität eines erhöhten Produktivitätsverlustes und eines erheblichen Anstiegs der Fluktuation der Mitarbeiter bei einem unzureichend ausgeführten Change Management bei der überwiegenden Mehrzahl der befragten Manager unbestritten; und entsprechend erkennen Manager Wirkfaktoren eines Change Management auf Mitarbeiter, Projekte und Unternehmen differenziert an (siehe Abbildung 9).

Auf der Projektebene wirkt Change Management am stärksten auf die Klarheit der Ziele, die Akzeptanz und die Unterstützung des Projektvorhabens. Auf der Ebene der Mitarbeiter zeigt sich die Wirkung am stärksten bezüglich der Zufriedenheit, der übergreifenden Zusammenarbeit und der Motivation. Auf der Ebene des Unternehmens wirkt Change Management auf die Identifikation, das Image nach innen und die Produktivität. Dabei wurde die Wirkung des Change Management auf der Unternehmensebene von den befragten Managern nicht so hoch eingeschätzt wie die auf der Projekt- und Mitarbeiterebene.

Diese Wirkungen sind unmittelbar einsichtig werthaltig für ein Unternehmen, sie steigern das Produktivitätspotential und die Möglichkeit nachhaltiger Wertschöpfung. Mit dem Wissen um diese Wirkfaktoren wäre es nach CAPGEMINI CONSULTING an der Wissenschaft, hier ein Wirkungsmodell zu entwickeln, dessen Anwendung in der Praxis in eine Kosten/Nutzenberechnung eingehen könnte.[48]

Eine Nutzenrechnung, also eine Berechnung des dem Change Management anzurechnenden Cash-Flows erscheint demnach nur annäherungsweise möglich. Nicht nur, dass die Wirkung des Change Managements auf zum Beispiel die Identifikation der Mitarbeiter mit dem Unternehmen zwar plausibel, aber kaum quantifizierbar ist, auch die Wirkung der (ungenau bestimmten) höheren Identifikation der Mitarbeiter auf die Entwicklung des Unternehmenswertes bleibt bei aller Plausibilität nur schätzbar. Gleichzeitig erscheinen im Verhältnis hierzu ex-ante leichter zu berechnende Investitio-

---

[48] CAPGEMINI CONSULTING (2010: 78).

nen in Investitionsgüter oder Standortentscheidungen ex-post häufig genug in einem zweifelhaften Licht.

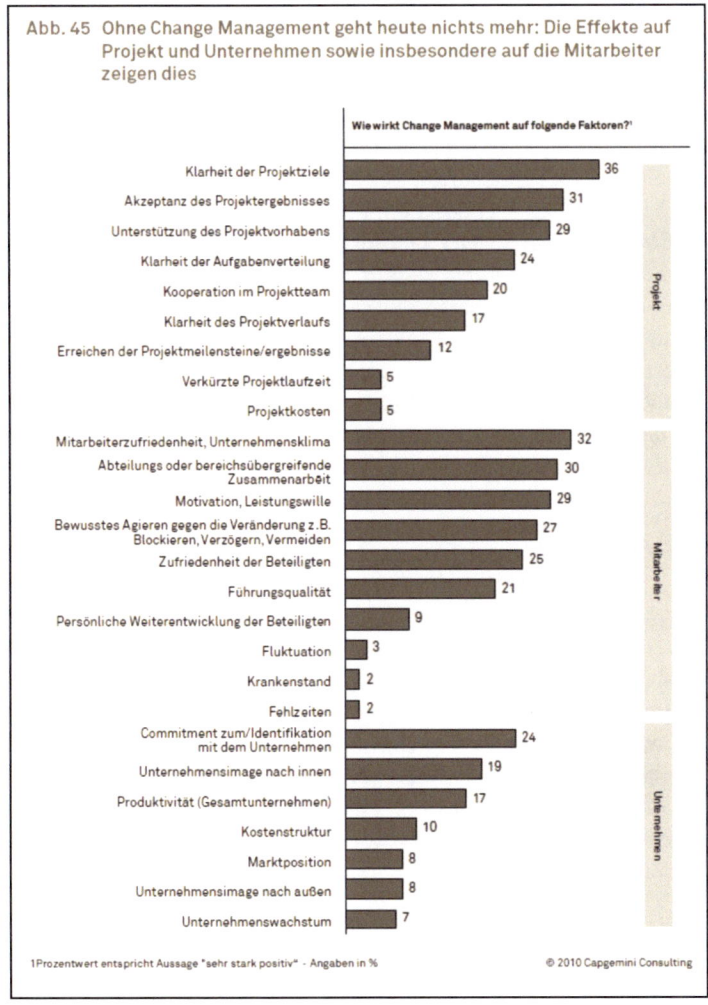

Abbildung 9: Change Management Studie 2010 - Die Wirkung von Change Management[49]

Die vielen Stellschrauben in einem Business Case sind jedem Beteiligten hinlänglich bekannt und Gegenstand vieler Verhandlungen. Der Business Case bleibt trotzdem (bei aller Ungenauigkeit) ein unverzichtbares Kommunika-

---

[49] CAPGEMINI CONSULTING (2010: 77).

tionsinstrument der betriebswirtschaftlichen Praxis zur Planung und zum Controlling. Auch die Schätzung einer Wirkung von Change Management sollte daher – mit aller gebotenen Vorsicht – in die Planung und Bewertung eingehen.

CAPGEMINI CONSULTING berechnet mit der Kennzahl des *Return on Change Management* das Verhältnis des Cash-Flows, der durch das Change Management entsteht, zu den Kosten dieses Managements. Diese Kennzahl ist zum einen ein Prozessindikator, der direkte operative Output wird durch die Qualität des Change Managements beeinflusst. Zum anderen vermuteten CAPGEMINI CONSULTING langfristige Wirkungen des Change Management auf die Unternehmenskultur und den Unternehmenswert, auch diese Wirkungen sind in der Kennzahl Return On Change Management enthalten. Langfristige Wirkungen wären zwar angemessener durch eine über mehrere Perioden diskontierende Kennzahl, z. B. Kapitalwert zu berechnen, hier steht aber der genauen Berechnung das ungenaue Zahlenmaterial entgegen, auf die scheinbare Genauigkeit kann zugunsten einer Schätzung verzichtet werden.

$$RoCM = direkte\ Wirkung\ Change\ Mangement\ auf\ ChangeOutput \\ + langfristige\ Wirkung\ d.\ Change\ Manamgent$$

Die Kennzahl *RoI* eines Veränderungsvorhabens stellt den gesamten Cashflow aus dem Veränderungsvorhaben ins Verhältnis zu allen Investitionen in dieses Vorhaben und steht für den Output der Veränderung. Der *RoI* (Veränderungsvorhaben) misst eine Periode bis zum Abschluss des Veränderungsvorhabens ohne Diskontierung oder Periodendifferenzierung Das Change Management wird auf diese Kennzahl wirken, dieser Anteil der Kennzahl *Return On Change Management* ist hierin enthalten.[50]

$$RoI\ (Veränderungvorhaben) = \frac{Cashflow\ aus\ Veränderung}{investiertes\ Kapital\ in\ Veränderung} * 100$$

Die langfristige Wirkung des Change Managements (der Outcome des Managements) ist hierin nicht enthalten. Für eine Kennzahl *Return On Change* erscheint es pragmatisch zumindest nicht unmöglich, neben dem direkten

---

[50] Siehe Kapitel 3.1.1 „Projektcontrolling".

Cash-Flow aus den erreichten Business Zielen und dem operativen Aufwand zur Umsetzung zumindest zu schätzen, ob das Vorhaben langfristig weiteren Wert generiert oder mit Wertverlust zu rechnen ist. Der Aufwand in die langfristige Wirkung sollte zumindest so dimensioniert sein, dass die werthaltige Kultur des Unternehmens angemessen weiterentwickelt wird.

$$Return\ On\ Change = \frac{CashFlow\ aus\ Veränderung}{investiertes\ Kapital\ für\ Veränderung\ einschl.\ Change\ Managemnt} * 100 + langfrist. Wirkung$$

## 7 Anwendung im Pilotprojekt

Im Folgenden werden die beschriebenen Evaluations- und Controllingansätze im Change Management auf ein reales Pilotprojekt aus der Beratungspraxis angewendet. Die ausgewählten Instrumente folgen dem Ansatz des Erfolgscontrollings und Prozesscontrollings nach BACH STEINHAUS (vgl. S. 26) und des Return on Change (vgl. S. 28). Außerdem wird im Projekt der Erfolgsbegriff nach GREIF et. al. angewendet (vgl. S. 24), indem die Führungskräfte in die Zieldefinition für das Projekt aktiv einbezogen werden.

### 7.1 Die BKK Gildemeister Seidensticker und die strategische Bedeutung des Projektes „Führen mit Zielen"

Die BKK Gildemeister-Seidensticker (BKK GS) besteht in der jetzigen Form seit 1874. Ihre Ursprünge gehen zurück auf Betriebskrankenkassen der Bielefelder Unternehmen Gildemeister, Seidensticker (Fusion der Betriebskrankenkassen im Jahr 1997) und der Betriebskrankenkasse Zeppelin in Friedrichshafen (Fusion mit BKK GS im Jahr 2003). In den vergangen 20 Jahren ist sie (ausgehend von der BKK Gildemeister) stark gewachsen. Am 1.1.2010 hatte sie 120.986 Mitgliedern und versicherte 181.141 Personen. In den Jahren 2003 ff. hat die BKK GS mit dem Wachstum Personal aufgebaut.

Organisatorisch ist die Krankenkasse wie folgt gegliedert (siehe Abbildung 10). Für den hier dargestellten Zusammenhang ist bedeutend, dass die Abteilung „Controlling" und die Abteilung „Unternehmensentwicklung" dem selben Bereichsleiter (Bereich I Finanzen) unterstellt sind.

#### 7.1.1 Der Markt der gesetzlichen Krankenversicherung aus der Sicht der BKK Gildemeister Seidensticker

Die gesetzlichen Krankenkassen bewegen sich auf einem streng regulierten Markt, auf dem verschiedene Interessengruppen im Wettbewerb um ein gedeckeltes Budget von etwa 170 Mrd. € stehen[51]. Dazu gehören Träger stationärer und ambulanter Leistungen, die pharmazeutischen und medizintechnischen Produzenten sowie der pharmazeutische Großhandel und die Apotheken, dazu die Berufsverbände, insbesondere der Ärzte und Pflegedienste. Schließlich sind die Arbeitgeber und Arbeitnehmer als Kostenträger, und letztere als Leistungsempfänger maßgebliche Einflussgrößen auf dem Markt der gesetzlichen Krankenversicherungen, die, wie der Name schon sagt,

---

[51] Statistisches Bundesamt Wiesbaden (2010: 412).

über die Gesetzgebung des Bundestages und die ministerielle Ausführung im Bundesministerium für Gesundheit gesteuert wird[52].

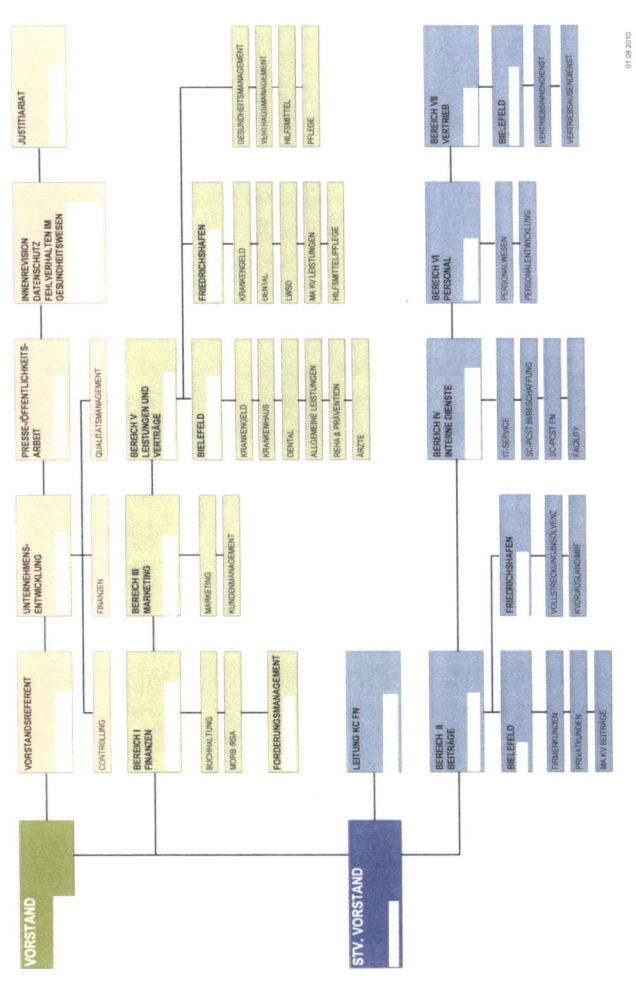

*Abbildung 10: Organigramm der BKK Gildemeister Seidensticker 01.08.2010*

---

[52] Sozialgesetzbuch (SGB) Fünftes Buch (V), gesetzliche Krankenversicherung.

Die öffentliche und mediale Aufmerksamkeit ist angesichts der umfassenden Betroffenheit der Bevölkerung und Wirtschaft entsprechend groß und der Versuch der Einflussnahme über Medien und politische Parteien durch die genannten Interessengruppen angesichts der Umsatz-Größe des Marktes verständlicherweise hoch. Die Gesundheitsbranche hatte im Jahr 2009 Gesamtausgaben von 236 Mrd. €, 2008 waren 4,6 Millionen Menschen in der Gesundheitsbranche beschäftigt, das ist etwa jede(r) 9. Beschäftigte in Deutschland[53].

Die Marktanalyse nach PORTER[54] ergibt für die nach Mitgliederzahlen verhältnismäßig kleine Krankenkasse BKK GS eine Wettbewerbssituation, die in erster Linie über wechselwillige Mitglieder bestimmt ist:

> Die **Markteintrittsbarrieren für Substitute und neue Wettbewerber** sind sehr hoch. Die gesetzliche Krankenversicherung ist eine Leistung, die nur von anerkannten Krankenkassen erbracht werden darf, die der Aufsicht des Bundesgesundheitsministeriums unterliegen (Behördenstatus).

> Der Einfluss der **Lieferanten** ist durch die gesetzlichen Regelungen zur Preisfindung eingeschränkt. Mit der Menge der bezogenen Leistungen nimmt die Verhandlungsstärke der Krankenkasse gegenüber den Lieferanten zu. Eine kleine Krankenkasse ist nur eingeschränkt über besonderen Service in der Leistungsabrechnung in der Lage, die Lieferantenmacht zu beeinflussen.

> Der Einfluss der **Kunden** ist sehr stark, im Jahr 2010 sind die Wechselmöglichkeiten für die Mitglieder einer Krankenkasse zu einem Wettbewerber einfach zu realisieren.

> Die Stärke des **Wettbewerbs** ist bekannt: Die 15 größten gesetzlichen Krankenkassen haben jeweils über eine Million Mitglieder und versichern gemeinsam über 37 Millionen Mitglieder.[55] Im Ranking nach Mitgliedern nehmen Platz 16–48 Krankenkassen mit über 100.000 Mitgliedern und unter 1 Million Mitgliedern ein. Die BKK mit den meisten Mitgliedern ist die BKK Gesundheit mit 808.201 Mitgliedern, die BKK Gildemeister Seidensticker nimmt am 01.07.2010 mit 120.875 Mitglieder in diesem Ranking Platz 45 ein. Weitere weit über 100 Krankenkassen, vor allem Betriebs-

---

[53] Statistisches Bundesamt, zitiert nach GESUNDHEITSWESENMAGAZINKVPORTAL.DE (2010), Meldung vom 16.04.2010.
[54] PORTER (1985), hier nach KLANDT (2006: 342 ff.).
[55] DIENST FÜR GESELLSCHAFTSPOLITIK (2010), Ranking-Liste der deutschen Krankenkassen nach Mitgliederzahlen Stand 01.07.2010.

krankenkassen, haben weniger als 100.000 Mitglieder. Die Krankenkassen unterscheiden sich für den Kunden (das Mitglied) aktuell geringfügig im Preis (nach der jüngsten Reform dahingehend, ob ein Zusatzbeitrag zum Einheitstarif erhoben wird), außerdem in einigen wenigen Zusatzleistungen (neben dem überwiegenden gesetzlich definierten Leistungen), im wahrgenommen Service und subjektiven Faktoren wie Image oder (insbesondere bei kleineren BKKen) Betriebszugehörigkeit. Neben der Mitgliederzahl unterscheiden sich die Krankenkassen in erster Linie in der Mitgliederstruktur, so zum Beispiel hat die Technikerkrankenkasse überproportional männliche Mitglieder. Die aus der unterschiedlichen Mitgliederstruktur entstehenden unterschiedlichen Versicherungsrisiken werden über die gesetzliche Regelung des „Morbi-RSA"[56] auszugleichen versucht.

Jede Reform der Gesundheitsgesetzgebung greift in die Marktsituation ein. Die Gesundheitsreform 2008 brachte mit der Einführung des Gesundheitsfonds zum 01.01.2009 und des einheitlichen Beitragssatzes die Krankenkassen mit einem niedrigen Beitragssatz um ihren bis dato bestehenden Vorteil. Für die BKK GS, die jahrelang über niedrige Beitragssätze Mitglieder gewinnen konnte, bedeutete dies 2009 zunächst einen (bis dato nicht bekannten) leichten Schwund in den Mitgliederzahlen.

Die knappe Ausstattung der einzelnen Krankenkassen mit Mitteln des Gesundheitsfonds zwang 2010 etliche Kassen – trotz aller Ausgleichsinstrumente wie Morbi-RSA – zur Erhebung eines Zusatzbeitrages, und in der Folge zu Mitgliederschwund. Die BKK GS musste keinen Zusatzbeitrag erheben und profitierte hierdurch wiederum in 2010: Sie gewann neue Mitglieder hinzu und konnte ihr Image als preiswerte und qualitäts-/serviceorientierte Krankenkasse festigen.

Im Jahr 2010 sind die Krankenkassen mit mehreren drohenden Insolvenzen konfrontiert, die innerhalb der jeweiligen Verbände[57] zu erzwungenen Solidaritäts- und Ausgleichsmaßnahmen führen. Die wirtschaftlich angespannte

---

[56] Nach dem Morbiditätsorientierten Risikostrukturausgleich (Morbi-RSA) werden seit dem Start des Gesundheitsfonds zum 1.1.2009 Zuschläge zu der Zuweisung an einzelne Krankenkassen nach der Morbidität der Versicherten der Krankenkasse nach einer Auswahl von 80 Krankheiten gezahlt. (BKK GILDEMEISTER SEIDENSTICKER; Geschäftsbericht 2009: 18).

[57] Betriebskrankenkassen, Ortskrankenkassen, Innungskrankenkassen und Ersatzkassen sind in jeweils eigenständigen Verbänden organisiert und vertraglich zu gegenseitiger Unterstützung verpflichtet. Im Weiteren greift die Unterstützung innerhalb des Gesamtsystems der GKV, so dass durch die Insolvenz einzelner Kassen kein Versicherter seine Leistungsansprüche verlieren kann.

Situation führt zu vermehrten Fusionen unter den Krankenkassen. Sie versprechen sich dadurch Kostenvorteile in der Verwaltung, Minimierung von Risiken in der Mitgliederschaft und vor allem die Zunahme von Verhandlungsstärke gegenüber den Leistungserbringern.

Die Kassen unterscheiden sich deutlich in ihrer Mitgliederstruktur, in ihren Mitgliederzahlen, in ihrem Serviceangebot (insbesondere die Zahl der Zweigstellen), in ihrer Verwaltungskultur und in ihren Verwaltungssystemen, insbesondere IT-Systemen.

### 7.1.2 Strategische Optionen für die BKK Gildemeister Seidensticker

#### 7.1.2.1 Wachstumsstrategie

Als Wachstumsstrategie ist nur eine Marktdurchdringung möglich, eine Marktentwicklung ist angesichts des gesetzlich definierten Marktes genauso wenig möglich wie eine Produktentwicklung oder Diversifikation[58]. Wachstum ist über das Gewinnen neuer Mitglieder nur sehr langsam möglich, Wachstum über Übernahme von anderen Krankenkassen ist für eine kleine Krankenkasse wie die BKK GS ohne große Reibungsverluste nur sehr eingeschränkt möglich. Von einer größeren Krankenkasse übernommen zu werden, ist angesichts der aktuellen positiven Ergebnisse sehr leicht vorstellbar, würde aber zum Verlust der Eigenständigkeit und Identität führen und ist daher nicht gewünscht.

#### 7.1.2.2 Differenzierungsstrategie Service und Qualität

Eine besondere Qualitätsleistung ist für die BKK GS nur in den Bereichen Service und in wenigen Zusatzprodukten möglich. Ein guter Service und die enge Kommunikation mit den Mitgliedern insbesondere bei kritischen Leistungsbescheiden und Reklamationen ist ein Schlüssel für wahrgenommene Qualität und Kundenzufriedenheit. Kommunikation zu den Zusatzprodukten hilft ein positives Image zu unterstützen. Eine Nische kann die BKK Gildemeister Seidensticker in den Zielregionen Ostwestfalen-Lippe und Bodenseeregion erreichen, indem sie dort lokale Erreichbarkeit und lokale Steuerung der Leistungserbringer und einen besonders gut sichtbaren Service ausbaut.[59]

---

[58] WELGE, AL-LAHAM (2003: 443).
[59] WELGE, EL-LAHAM (2006 392 ff.).

### 7.1.2.3 Kostenstrategie

Die BKK GS ist auf Grund ihrer vergleichsweise günstigen Mitgliederstruktur in der Lage, die Kosten für Leistungen so zu steuern, dass sie einen Vorteil gegenüber anderen Krankenkassen erlangen kann und durch im Vergleich niedrigeren Beitragssatz (bzw. Verzicht auf Zusatzbeitrag) für wechselwillige Versicherte interessant ist. Sie erreicht damit genau die Zielgruppe, die in ihre günstige Mitgliederstruktur passt. Im Kostenbereich bieten die Verwaltungskosten mit etwa 6% ein geringes Einsparpotential, das durch Verschlankung der Prozesse in den vergangenen Jahren weitestgehend ausgeschöpft scheint. Für eine größenbedingte Kostenreduktion[60] ist die BKK im Vergleich mit Wettbewerbern nicht groß genug. Das größte Einsparpotential bietet die Steuerung der Kosten bei den Leistungserbringern und die kostenorientierte Steuerung der Leistungen bei den Versicherten (Fallmanagement).

### 7.1.2.4 Strategie 2009-2011

Die gewählte Strategie der BKK Gildemeister-Seidensticker in den Jahren 2009-2011 ist die eines langsamen, aber stetigen Wachstums durch neue Mitglieder, die ohne Zusatzbeitrag die richtigen Leistungen und besten Service erhalten. Kostensteuerung durch Fallmanagement und Verhandlungen mit Leistungserbringern machen es möglich, auf einen Zusatzbeitrag länger als Wettbewerber zu verzichten. Für die harte Wettbewerbssituation sind qualifizierte, zielstrebige, motivierte und identifizierte Mitarbeiter und Führungskräfte der wesentliche Erfolgsfaktor. Die Zielregionen für Vertriebsaktivitäten sind Ostwestfalen-Lippe und Bodenseeregion, hier bestehen Niederlassungen und Geschäftsstellen (siehe Abbildung 11).

Für diese Strategie ist ein einheitliches kunden- und kostenorientiertes Handeln aller Führungskräfte und Mitarbeiter eine wesentliche Voraussetzung. Die Idee des „Führens mit Zielen" in einem über das gesamte Unternehmen horizontal wie vertikal abgestimmten Zielsystem einer Balanced Scorecard ist ein geeignete Instrument zur Unterstützung dieser Strategie.[61]

---

[60] Economics of scale: WELGE, AL-LAHAM (2006: 385).
[61] KAPLAN, NORTON (1997: 218); STOCK-HOMBURG (2008: 456).

*Abbildung 11: Strategische Ziele BKK GS Stand Oktober 2009*

## 7.2 Das Change-Projekt „Führen mit Zielen"

### 7.2.1 Vorgeschichte zum Projekt „Führen mit Zielen"

Die BKK GS arbeitet in der strategischen Personal- und Organisationsentwicklung seit 2003 mit der IHK Akademie Ostwestfalen GmbH zusammen, für die Steuerung und Umsetzung der Organisationsentwicklung und einzelne Weiterbildungsmaßnahmen hat die IHK Akademie die SHS CONSULT GmbH als Partner hinzugezogen. Im Jahr 2004 fragte die BKK GS umfassende Fortbildung der Führungskräfte nach, die 2005 und 2006 umgesetzt wurde. In diesem Rahmen wurde eine erste Strategie formuliert und ein Führungsleitbild entwickelt, das seitdem fortgeschrieben wird. Zunächst waren alle Führungskräfte (etwa 35 Personen) in die projektorientierte Organisationsentwicklung einbezogen und haben mit dieser umfassenden Partizipation Innovations-Projekte in der Kundengewinnung, Prozesssteuerung, Kundenorientierung und Personal/ Führungskräfteentwicklung angestoßen und größtenteils umgesetzt.

2008 wurde die breite Partizipation und Projektorientierung vom Vorstand bewusst eingeschränkt. Die Parallele von Linienaufgaben und Projekten und die vielfältige Beteiligung führte zu Intransparenz für alle Beteiligten, die Steuerung des Entwicklungsfortschritt war aus Sicht des Vorstandes unbefriedigend, die Parallelen von Linienaufgaben und der Vielzahl von Projekten ineffizient. Mit dem Ziel der Effizienzsteigerung wurde die weitere Entwicklung auf die Verantwortlichkeiten Vorstand, Bereichsleiter und Stabsfunktionen, den „erweiterten Führungskreis" konzentriert. Alle weitere Entwicklung sollte direkt in den Aufgaben der Linie, also der einzelnen Bereiche (Finanzen, Leistungen, Beiträge, Personal, Marketing, interne Dienste) abgebildet sein, auf eigene OE-Projekte wurde verzichtet.

Im Februar 2009 verabredete der Führungskreis auf einer Klausurtagung „Gehrden Februar 2009" erstmals, die strategischen Ziele der BKK Gildemeister Seidensticker für alle Bereich in Bereichszielen zu fassen und Zielvereinbarungen zu jeweils zwei Zielen zwischen Vorstand und Bereichsleitern zu treffen. Im Nachgang verabredeten die Bereichsleiter mit ihren Abteilungsleiter, wie diese Ziele zu erreichen seien – ohne weitere Zielvereinbarungen auf den Ebenen Abteilungsleiter, Teamleiter oder Mitarbeiter abzuschließen.

Die Zielerreichung wurde über das Jahr in einem „Boxenstopp" in der Regelkommunikation des Führungskreises verfolgt.

Im November 2009 wurde dieses Vorhaben von den beteiligten Führungskräften anlässlich eines weiteren Projekt-Workshops zur Planung des Jahres 2010 (Gehrden November 2009) als sehr erfolgreich bewertet. Mit den ersten unterjährigen positiven Ergebnissen entwickelte eine Steuerungsgruppe ab Mai/Juni 2009 das Projekt „Führen mit Zielen" und plante mit der Entscheidung des Vorstandes die Umsetzung für 2010 in der gesamten BKK GS. Die Steuerungsgruppe besteht aus dem Vorstand, dem stellvertretendem Vorstand, dem Bereichsleiter Finanzen/Unternehmensentwicklung, dem Referent des Vorstandes, der Geschäftsführerin der IHK Akademie und dem externem Berater von SHS CONSULT GmbH.

### 7.2.2 Projektstart

Der Projektstart wurde vom Bereichsleiter Finanzen, der GF der IHK Akademie und dem externen Berater im April und Mai 2009 vorbereitet. Zum Projektstart am 05.06.2009 wurden die Ziele, die Teilprojekte, der Zeitplan, die Integration in die Entwicklung der BKK GS, der Projektname und die Verantwortlichkeiten der Beteiligten und der Steuerungsgruppe besprochen. Der Projektname und die Verantwortlichkeiten wurden zunächst provisorisch geklärt. Abschließend wurde die Kommunikation an die weiteren Führungskräfte und Mitarbeiter der BKK GS entschieden.

Die enge Steuerung durch die Gruppe wurde auf dem Hintergrund der bisherigen positiven Erfahrungen im Jahr 2008/2009 verabredet.

## 7.2.3 Ergebnisziele für das Projekt

Aus dem Protokoll der Steuerungsgruppe vom 05.06.2009

„In der Diskussion der Vorlage steht das Thema „Führen mit Zielen" im Vordergrund. Die Einführung einer „Balanced Scorecard" wird von der Praktikabilität abhängig sein, eventuell wird ein unaufwändiges System in Anlehnung an BSC für die unterjährige Nachverfolgung der Strategie der BKK GS sinnvoll sein.

Die Ziele eines Projektes wären danach

- Aus der Strategie für 2010 und die folgenden Jahre werden jährlich die operative Ziele abgeleitet und mit Kennzahlen unterlegt. Ein System ähnlich der Balanced Scorecard ist 2010 eingeführt.
- Alle Führungskräfte (Vorstand, Bereichsleiter, Abteilungsleiter, Teamleiter) haben ein einheitliches Verständnis der Strategie und des Zielsystems der BKK GS. Als Führungsinstrument wird in der BKK Gildemeister Seidensticker ab 2010 über alle Führungsebenen einheitlich „Führen mit Zielen" genutzt.
- Ab 2010 sind alle Ziele mit Kennzahlen hinterlegt, die sich im Jahresverlauf ohne besonderen Aufwand auswerten lassen.
- Die Mitarbeiter kennen ab 2009 die Strategie und sind zum Vorgehen informiert.
- Die Ziele sind erreicht, wenn ab 2010 in der BKK GS im Jahresverlauf ein einheitlicher regelmäßiger, an Kennzahlen orientierter Kommunikationskreislauf aus Strategieentwicklung, Zielvereinbarung, Boxenstopp und Bewertungsgespräch (mit neuer Zielvereinbarung) etabliert ist."[62]

Diese Ziele sind Kommunikationsziele und Organisationsziele für die Steuerung der BKK GS, sie beschreiben eine Kulturveränderung hin zu größerer Transparenz der Unternehmenssteuerung bis zum einzelnen Mitarbeiter und eine größere Verantwortlichkeit und Beteiligung aller Führungskräfte und Mitarbeiter bei der Erreichung der operativen Ziele der BKK GS. Ein operatives Geschäfts- oder Finanzziel selbst wurde für dieses Projekt nicht formuliert.

Der strategische Hintergrund des Projektes, der in diesem Ziel enthalten ist, ist in den strategischen Zielen der BKK GS festgehalten (siehe Abbildung 11).

Die Strategie der BKK GS zielt auf eine starke Position als Partner im Gesundheitswesen in den Regionen Ostwestfalen-Lippe und Bodensee/Friedrichshafen. Die Unabhängigkeit als eigenständige Krankenkasse beizube-

---

[62] Interenes Protokoll der BKK GS.

halten ist ausgesprochene Leitidee der Strategie und kann auch als maßgebliches strategisches Ziel des Projektes „Führen mit Zielen" genutzt werden. Die Kommunikations- und Organisationsziele des Projektes dienen der stärkeren Identifizierung aller Führungskräfte und Mitarbeiter mit der BKK Gildemeister Seidensticker und der besonderen Kundenorientierung und Effizienzsteigerung im Sinne eines Wettbewerbsvorteils gegenüber großen Krankenkassen.

In diesem Sinne ist die Erreichung der im weiteren Laufe des Projektes im Februar 2010 formulierten detaillierten Ziele der Balanced Scorecard ebenso als Ergebnis-Ziel des Projektes zu sehen.

Der Bereich Finanzen führt folglich die Zielvereinbarungsprozesse in einem kennzahlenbasierten Controlling- und vierteljährlichen Berichtsprozess zusammen, der den Grad der Zielerreichung kommuniziert und für die Unternehmens- und Bereichsführungen Entscheidungen zur unterjährigen Steuerung ermöglicht.

In der Verbindung mit der Balanced Scorecard lassen sich diese Ziele nach BACH STEINHAUS im Weiteren differenziert verfolgen als

- Ergebnisziele: Zielerreichung der BSC, Einführung des Systems „Führen mit Zielen", Einführung der regelmäßigen Kommunikation und Steuerung;
- Sozialziele: zufriedene Mitarbeiter, die sich besser informiert fühlen.

### 7.2.4 Evaluation zu weiteren Ergebniszielen

Weitere Ziele des Projektes wurden mit allen Führungskräften des erweiterten Führungskreises im Projektworkshop November 2009 in Schloss Gehrden erarbeitet. Auf diese Weise wurden alle Bereichsleiter und einige Abteilungsleiter / Stabsmitarbeiter und der Personalrat mit in die Zielediskussion integriert. Zunächst wurden im Plenum Ziele gesammelt und diskutiert, anschließend erarbeiteten die Führungskräfte in Gruppen Messkriterien zur Bewertung der Zielerreichung, die wiederum abgestimmt wurden. Das Ergebnis war folgendes Zielportfolio:

| Nr. | Ziel | Das Ziel ist erreicht, wenn ... |
|---|---|---|
| 1 | Kommunikation verbessern | ... alle MA die Ziele kennen<br>... im FK1 quartalsweise berichtet wird<br>... der Vorstand zum Ende des Berichtsjahres alle Mitarbeiter zum Erreichen der Ziele informiert. |
| 2 | Unternehmensziele werden stringent verfolgt | ...wenn alle Einzelziele auf die Unternehmensziele ausgerichtet sind und mit allen Mitarbeitern und Teamleitern umgesetzt werden |
| 3 | Transparenz | ... alle Ziele für alle MA wahrnehmbar sind |
| 4 | Motivation | ... alle Führungskräfte und Mitarbeiter Termintreue bei der Umsetzung der Ziele und Meilensteine zeigen<br>... Mitarbeiterstimmung positiv von den Bereichsleitern wahrgenommen wird<br>... die Mitarbeiterbefragung zur Zufriedenheit bessere Ergebnisse bringt als die Befragung 2008 |
| 5 | Identifikation, Wir-Gefühl | ... die Mitarbeiter sich aktiv am Zielerreichungsprozess beteiligen und überzeugte Mitarbeiter kritische Mitarbeiter mitnehmen<br>... viele Mitarbeiter (mehr als 200) an außerdienstlichen Unternehmensaktivitäten teilnehmen |
| 6 | bewusste Mitwirkung an Zielerreichung durch MA | ... die Teamleiter berichten, dass die Mitarbeiter ihr Handeln am jeweiligen Teamziel ausrichten. |
| 7 | Instrument zur Fortschrittskontrolle | ... das Berichtswesen quartalsweise Ergebnisse liefert |
| 8 | Beteiligung | ... bei der Mitarbeiter- Befragung über 50% der Befragten sich beteiligt fühlen |

*Abbildung 12: Zielportfolio, Transkript aus dem Fotokoll des Workshops Gehrden November 2009*

Diese Sammlung von Zielen und Maßnahmen zur Zielerreichungskontrolle bereitete den Teilnehmern des Workshops nicht wenige Schwierigkeiten, in vielen Fällen stand eher die Schwierigkeit der Formulierung und Messung im Vordergrund der Diskussion als die Chance der Erfolgskontrolle und des Feedbacks. In der Kürze der Zeit wurde nicht jedes Ziel und jede Zielerreichungsmethode kritisch auf ihren Sinn und ihre Machbarkeit überprüft. Im Workshop fragte der Moderator (externer Berater des Projektes) die Teilnehmer abschließend, ob sie sich sicher seien, dass sie mit der BKK GS diese Ziele erreichen. Die Antwort wurde von allen öffentlich mit „Ja" beantwortet.

Die Führungskräfte vereinbarten, dass die Zielerreichung in diesem Zielportfolio durch den stv. Vorstand und den BL Finanzen/Unternehmensentwicklung evaluiert wird.

### 7.2.5 Prozessdesign und Prozessziele für das Projekt

Die Steuerungsgruppe identifizierte vier Teilprojekte:

- Die Schulung des erweiterten Führungskreises zur „Balanced Scorecard" und die Entwicklung einer BSC für die BKK 2010 einschließlich der Entwicklung und Vereinbarung der Bereichsziele
- Die Entwicklung eines Handbuches „Führen mit Zielen", in dem der Gesamtprozess und die Handhabung durch die einzelnen Führungskräfte dokumentiert ist. Zielgruppe des Handbuches sind alle Führungskräfte.
- Die Schulung der Führungskräfte zu Zielvereinbarungen und Zielvereinbarungsgesprächen, dieses Teilprojekt wurde in die Verantwortung der GF IHK Akademie gegeben.
- Die Kommunikation mit Abteilungsleitungen und Teamleitungen zur Strategieentwicklung der BKK.

Die Entwicklung des Kennzahlensystems in der BKK ist kein Teilprojekt, es wird als eigenständiges Projekt durch den BL Finanzen/Unternehmensentwicklung verfolgt und mit dem Projekt „Führen mit Zielen" abgestimmt und zusammengeführt.

Als Vorlage der Planung diente ein erster Zeitplan vom März 2009 (Abbildung 13). Der Zeitplan wurde im weiteren Verlauf des Projektes angeglichen, es ergaben sich Zeitverschiebungen und Ergänzungen.

Anlässlich des Workshops Gehrden im November 2009 wurde der Zeitplan an die Führungskräfte in Form eines Prozessdiagramms kommuniziert (Abbildung 14).

In der ersten Februarwoche 2010 wurde in der Schulung zu Zielvereinbarungen dieser Zeitplan mit dem Handbuch an alle Teamleiter kommuniziert.

Als Prozessziel wurde vereinbart, dass Termine gehalten werden und Meilensteine termingerecht erreicht werden. Die Abstimmung mit dem Kennzahlensystem wurde zum damaligen Zeitpunkt als zeitkritisch eingestuft, ebenso die Entwicklung des Handbuches und die rechtzeitige Schulung aller Teamleiter.

Implizit waren Ressourcenziele vereinbart, dazu gehörten der zeitliche Aufwand für die Führungskräfte, und der zeitliche Aufwand für die Steuerung des Prozesses. Diese Ziele sind aber nicht explizit formuliert oder dokumentiert. Außerdem waren die Ressourcen für die externe Unterstützung durch IHK Akademie und externe Beratung fixiert.

In der zweiten Sitzung der Steuerungsgruppe (07.10.2010) wurde die **Evaluation des Projektes** besprochen und die Verfolgung der Erreichung betriebswirtschaftlicher Ziele durch das Projekt angeregt. Die Verfolgung der Kommunikationsziele durch Teamleiterworkshops und Mitarbeiterbefragung wurde diskutiert.

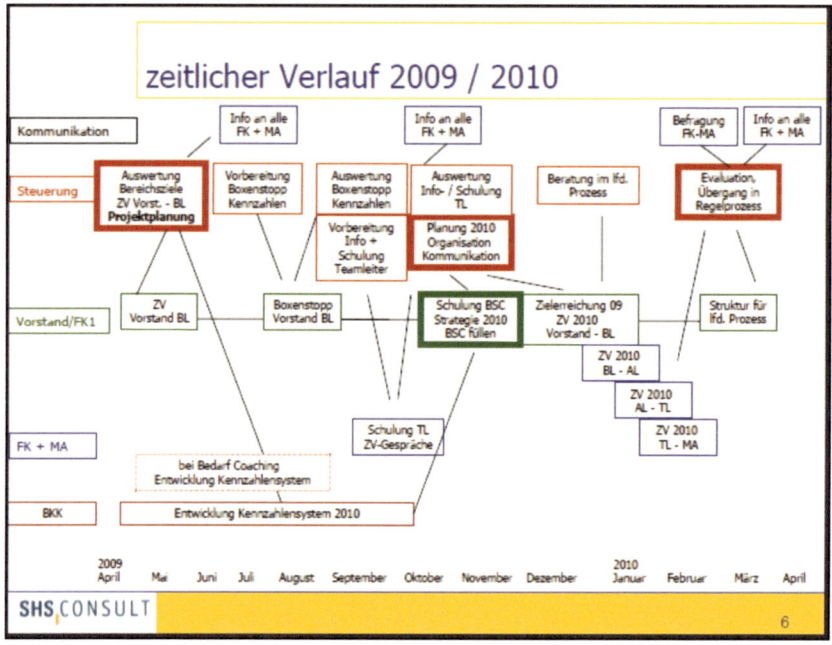

*Abbildung 13: Zeitplan zum Projektstart Mai 2009*

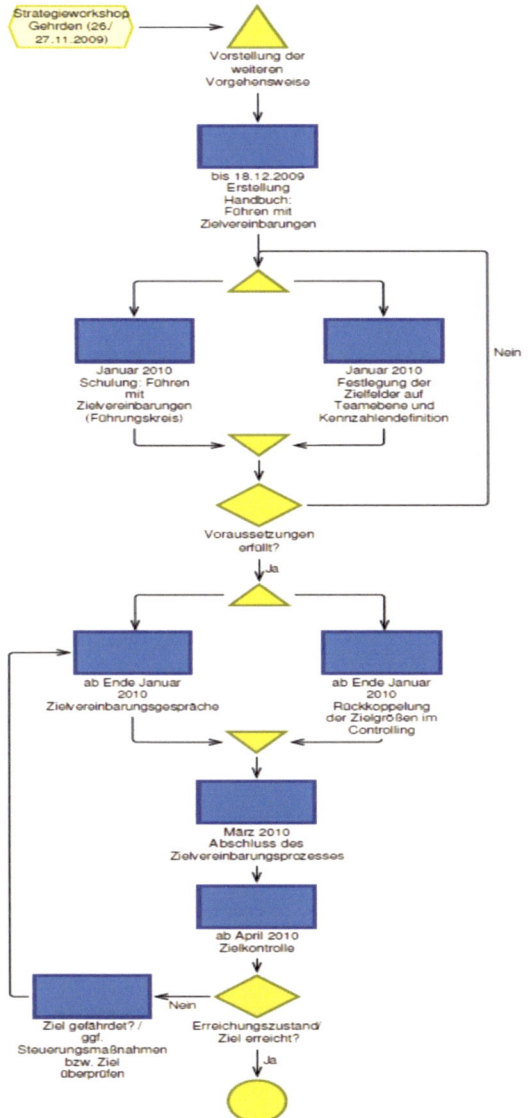

*Abbildung 14: Zeitplan Stand Dezember 2009*

Die Prozessvereinbarungen in der Planungssituation waren:

- Prozessdauer: 1.7.2009–31.12.2010;
- Prozesskosten: (Managementkosten, Schulungskosten, Umsetzungskosten): nicht als € Betrag fixiert, aber über die geplanten Workshops und Schulungen vereinbart;
- Prozessoutput: ZV-Gespräche durch alle Hierarchieebenen, BSC mit Kennzahlen (siehe Ergebnisziele für das Projekt);
- Prozesskommunikation: Steuerung der einzelnen Maßnahmen und der Kommunikation durch die Steuerungsgruppe in maßnahmeninduzierten Abständen;

## 7.3 Datenerhebung und Ergebnisse des Ergebnis- und Prozesscontrolling

### 7.3.1 Ergebnisziele und Leistungsziele

#### 7.3.1.1 Ziele und Datenerhebung

1. **Die Ziele der BKK GS sind in einer BSC operationalisiert und mit Kennzahlen hinterlegt. Die Kenzahlen werden systematisch zur Unternehmenssteuerung genutzt.** Daten zur Zielerreichung bietet die Dokumentation der BKK GS Die Unternehmenssteuerung mittels Kennzahlen wird durch die Existenz des Berichtswesens und darauf fußenden Steuerungsentscheidungen belegt.

2. **Die Zielvereinbarungsgespräche von Vorstand bis Mitarbeiter sind bis März 2010 durchgeführt.** Daten zur Zielerreichung bieten die dokumentierten Zielvereinbarungen.

3. **Die Ziele der BSC einschließlich Prozessziele sind erreicht.** Das Endergebnis der jeweiligen Zielerreichung ist im März 2011 anhand der vom Controlling erhobenen Kennzahlen messbar. Die Entwicklung ist im September 2010 nach Grad der Erreichung der Meilensteine und der Kennzahlenentwicklung anhand der Daten das Controlling messbar. Die weitere Entwicklung wird durch die Bereichsleiter im FK1 eingeschätzt.

4. **Die Entwicklung der strategisch relevanten Geschäftszahlen verläuft positiv (Versicherte, Ergebnis im Vergleich zum Marktdurchschnitt BKKs, Erreichen der Planzahlen des Finanzplanes), die relative Marktposition ist verbessert.** Das Geschäftsergebnis 2010 ist erst mit dem Jahresabschlusszahlen

im Februar 2011 messbar. Der Trend wird im September nach Zahlen des ersten Halbjahr im Vergleich zu 2009 erhoben. Die relative Marktposition lässt sich an der Ranking-Liste des DIENST FÜR GESELLSCHAFTSPOLITIK der Krankenkassen messen.

5. **Die Kennzahl Return On Change hat einen Wert über 10.** Die Datenerhebung erfolgt durch Berechnung des direkten Ertrages des Projektes und des Aufwandes unter Berücksichtigung der langfristigen Wirkung des Projektes.

### 7.3.1.2 Ergebnisse

#### 1. BSC – Ziele – Kennzahlen – Unternehmenssteuerung

Die BSC wurde im November 2009 entworfen, im März in Zielen formuliert und mit Kennzahlen hinterlegt, die die Abteilung Controlling seit April 2010 nachhält. Die BSC (ohne Kennzahlen) wurde an alle Führungskräfte anlässlich eines Teamleiterworkshops am 10. Juni 2010 kommuniziert (siehe Abbildung 15).

Das Berichtswesen mit Kennzahlen ist etabliert. Mitarbeiter des Controlling treffen sich auf operativer Ebene monatlich mit den Fachteams und werten die Ergebnisse der Zielvereinbarung in einem Kennzahlenbericht aus. Die Dokumente werden in einen Gesamtbericht zusammengeführt (siehe Abbildung 16).

Die Fachteams werden sukzessiv an diesen Prozess herangeführt, ab Oktober nehmen alle Fachteams und damit die gesamte BKK GS an diesem Berichtswesen teil.

Der Gesamtbericht wird im Kreis aller Bereichsleiter quartalsweise vorgelegt und diskutiert.

| | | | |
|---|---|---|---|
| **Finanzielle Perspektive**<br>-wie sichern wir den finanziellen Erfolg | Mitgliederwachstum | Verwaltungskosten einsparen<br>Fallmanagement<br>Versorgungsmanagement | Liquidität sichern und verbessern |
| **Kundenperspektive**<br>-wie wollen wir Kunden gewinnen und zufrieden stellen | Kundenbefragung<br>Ansprache der Zielgruppen<br>Kündigungsmanagement<br>Beschwerdemanagement<br>Kundenorientierung | | |
| **Prozessperspektive**<br>- wie gestalten wir unsere Produktion und Innovation optimal | Produktentwicklung<br>Marktbeobachtung | Zusatzbeitrag vorbereiten | schlanke Verwaltung<br>effizient in Prozessen<br>Einsparmöglichkeiten nutzen<br>effizient in Themen und Projekten |
| **Lern- und Entwicklungsperspektive**<br>-wie entwickeln wir uns persönlich und organisatorisch weiter | attraktiver Arbeitgeber<br>Mitarbeiterbindung<br>Führungskompetenz<br>zielgerichtete Personalentwicklung | ...rchtige Unternehmensgröße | |

*Abbildung 15: Balanced Scorecard der BKK GS 2010 in Stichworten (Originalunterlage)*

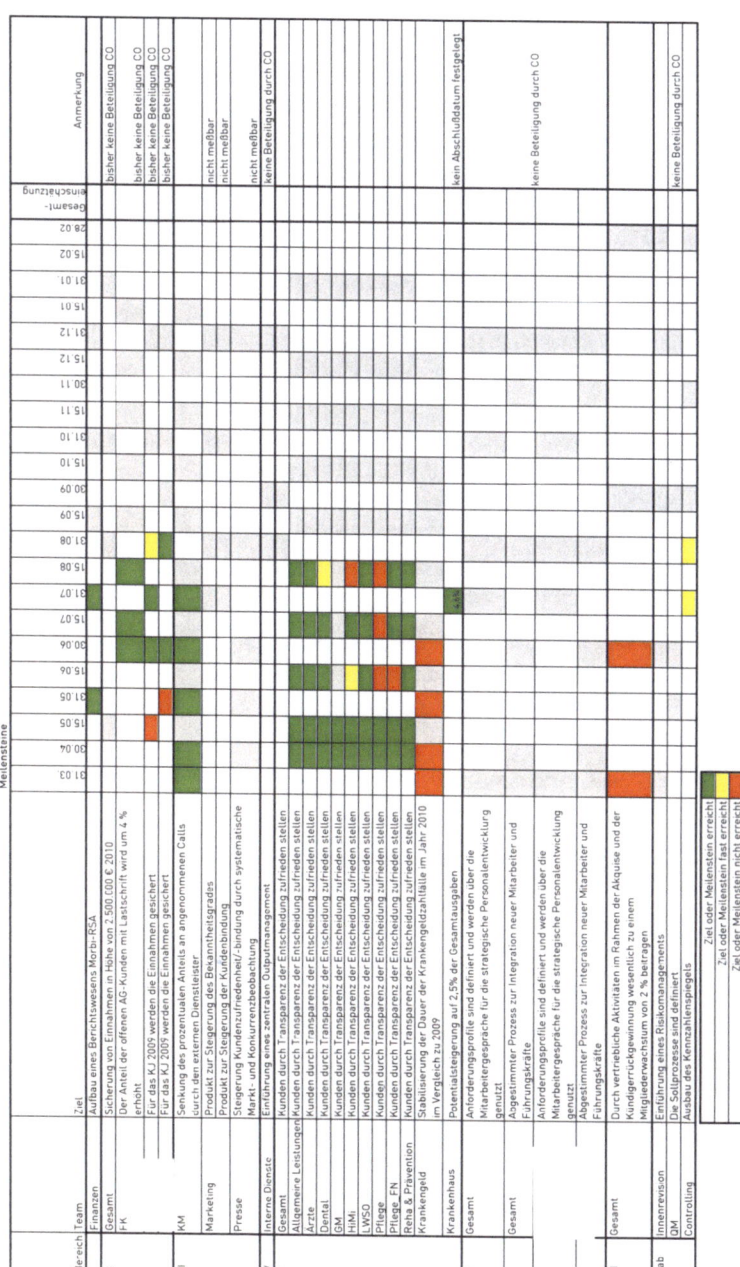

*Abbildung 16: Matrix der Zielerreichung Stand 06.10.2010 (Originalunterlage)*

## 2. Zielvereinbarungsgespräche

Alle Zielvereinbarungsgespräche in allen Bereichen wurden bis Mai 2010 durchgeführt, ursprünglich war das Ziel, dass die Gespräche bereits Mitte April abgeschlossen sind. Das Ziel wurde erreicht, allerdings mit Verspätung.

Die Güte der Ziele entspricht nicht in allen Bereichen den Ansprüchen. Für den Bereich II (Beiträge) wurde ein messbares und wichtiges Ziel vereinbart, das Ergebnis wird allerdings erst 2012/2013 messbar sein. Ein Grund ist, dass der vereinbarte Prozess zur Zielvereinbarung nicht eingehalten wurde: der Bereich Controlling wurde nicht einbezogen und so ist dieser Umstand nicht aufgefallen. Im Bereich III (Marketing) wurden Ziele zur Kundenzufriedenheit vereinbart, die nicht mit messbaren Kennzahlen hinterlegt sind. Auch hier entsprach die Zielvereinbarung nicht dem geplanten Prozess, weder wurde Zielcoaching genutzt noch der Bereich Controlling einbezogen. Die Maßnahmen sind zweifellos zielführend und erkennbar, die Messung nach Kennzahlen allerdings nicht gegeben. Im Bereich VII (Vertrieb) wurde eine nicht beeinflussbare Kennzahl zur Zielerreichung herangezogen (in der Kennzahl zu Mitgliederzahlen waren Kündigungen enthalten, auf die die Vertriebsmitarbeiter keinen Einfluss haben)

Es sind 29 einzelne Ziele mit Bereichsleitern und Abteilungen/Teams mit Meilensteinen vereinbart, dokumentiert und an die Abteilung Controlling mit Meilensteinen berichtet. Eine tabellarische Zusammenfassung liegt vor (siehe Abbildung 16).

## 3. Ziele der BSC sind erreicht

Die folgende Einschätzung wurde mit dem Bereichsleiter Finanzen/Unternehmensentwicklung und dem stellvertretenden Vorstand in Interviews plausibilisiert.

Die Ziele werden erst mit Ablauf der Zielperiode am 28.02.2011 gemessen. Eine Zielerreichung ist in den meisten Fällen bereits jetzt erkennbar. Mit den Zielerreichungen oder -verfehlungen ist auch einschätzbar, welcher Cash-Flow jeweils bewirkt wird. Dabei wird nur berücksichtigt, was gegenüber der Finanzplanung des Unternehmens an zusätzlichen Einzahlungen oder Auszahlungen durch die Zielerreichung bewirkt wird.

Ziele Bereich I[63]: Die Ziele werden erreicht. Alle Meilensteine wurden bisher erreicht. Die Zielerreichung wird keinen direkten Cash-Flow erzeugen

Ziele Bereich II: Ziele werden erreicht, der Meilensteintrend ist positiv. Eine genaue Messung des Zielerfolges wird erst nach dem Ablauf des Zielverein-

---

[63] Alle folgenden Bereichsziele sind in Matrix der Zielerreichung (*Abbildung 16*) dokumentiert.

barungszeitraumes möglich sein. Plausibel ist, dass die Ziele zu mindestens 80 % erreicht werden. Diese Zielerreichung bewirkt im Jahr 2011 einen Cash-Flow von 2.500.000 €, die Vermeidung von Rückstellungen bewirken einen Cash-Flow aus Desinvestition von mindestens 2.000.000 € im Jahr 2010

Ziel Bereich III: Das messbare Ziel im Kundemanagement wird voraussichtlich erreicht werden, die Meilensteine wurden bisher alle erreicht. Eine Einsparung von 170.000 € (operativer Cash-Flow) ist realistisch.

Ziel Bereich IV: Das Ziel wird voraussichtlich trotz bisher verpasster Meilensteine erreicht werden, die Zielerreichung wird im Jahr 2010 entsprechend der Planung keinen Cash-Flow bewirken, die Zielerreichung bietet die Voraussetzung für eine Erhöhung des operativen Cash-Flow durch Kosteneinsparungen im Jahr 2011 und darüber hinaus.

Ziele Bereich V: Das Ziel „Krankenhaus" wurde unerwarteter Weise bereits im Juli 2010 voll erfüllt, die Führungskraft hatte die Möglichkeiten unterschätzt. Als dies offensichtlich wurde, wurde die Zielvereinbarung nach oben korrigiert. Die voraussichtliche Zielerreichung bewirkt einen operativen Cash-Flow von 700.000 €. Das Ziel „Krankengeld" wird nach bisheriger Meilensteinkontrolle voraussichtlich deutlich verfehlt, hier ist mit der Zielverfehlung ein negativer operativer Cash-Flow von -500.000 € verbunden.

Ziele Bereich VI: Die Ziele werden voraussichtlich erreicht, bewirken allerdings keinen Cash-Flow Wirkung in der Periode. Die längerfristige Wirkung wird positiv eingeschätzt.

Ziele Bereich VII: Das Ziel von 2% Mitgliederwachstum wird voraussichtlich leicht (um 0.3 Prozentpunkte) verfehlt, der operative Cash-Flow liegt voraussichtlich bei -350.000 € gegenüber der Planung. Die bisherigen Meilensteine wurden entsprechend verfehlt.

Ziele Bereich Stab: Die Ziele werden erreicht werden, die Abteilung Qualitätsmanagement wird durch Prozessoptimierungen zur Effizienzsteigerung beitragen, die Bewertung bezüglich des Cash-Flow ist mangels Personalbemessung in der Prozesskostenrechnung der BKK GS leider nicht möglich. Die mittelfristige und langfristige Wirkung wird positiv eingeschätzt.

### 4. positive Entwicklung der strategisch relevanten Geschäftszahlen

Zum 01.09.2010 hat sich die Marktposition der BKK GS gegenüber dem 01.01.2010 von Rang 48 auf Rang 45 verbessert. Die Mitgliederzahlen sind insbesondere in den Monaten März–Mai durch die Vermeidung von Zusatzbeiträgen gestiegen, allerdings noch leicht unter den Erwartungen.

In der Finanzplanung 2010 hatte die BKK GS ein deutliches Abschmelzen ihres Vermögens um etwa 9 Mio. € eingeplant. (Vermögen 31.12.2009: 17,8 Mio. €). Nach Stand am 01.09.2010 wird das Vermögen Ende 2010 stabil bleiben, gegenüber der Finanzplanung hat die BKK GS ein wesentlich besseres Ergebnis als kalkuliert, für die Bewahrung der Unabhängigkeit ist dies ein deutliches und wichtiges Signal.

### 5. Return on Change

In die Kennzahl des Return on Change gehen die voraussichtlichen Cash-Flows aus den Zielerreichungen der Bereiche und Stäbe ein (siehe oben).

$$Return\ On\ Change = \frac{CashFlow\ aus\ Veränderung}{investiertes\ Kapital\ für\ Veränderung\ einschl.\ Change\ Managemnt} * 100 + langfristWirkung$$

$$Return\ On\ Change = \frac{2.000\ T€ + 170\ T€ + 700\ T€ - 500\ T€ - 350\ T€ - 81\ T€}{81\ T€} * 100 + langfristWirkung$$

$$Return\ On\ Change = \frac{1.939\ T€}{81\ T€} * 100 + langfristWirkung^{64}$$

$$Return\ On\ Change = 2394 + langfristWirkung$$

Die langfristige Wirkung wird im Moment sehr positiv gewertet, die Motivation der Mitarbeiterschaft ist positiv, die weiteren Maßnahmen der Personalentwicklung werden auch mit positiver Wirkung auf kulturelle Unternehmenswerte und Unternehmenswert verbunden. In einigen Bereichen wird die Zielerreichung in diesem Jahr einen weiteren Cash-Flow im kommenden Jahr auslösen. Der kurzfristige Return on Change wird aus aktueller Sicht

---

[64] Prozessaufwandsberechnung siehe unten.

nicht durch mittel- und langfristige Nebenwirkungen gefährdet, eher umgekehrt fördert das Erfolgserlebnis die positive zukünftige Entwicklung.

### *Return On Change* > 2394

Der Return On Change ist so gerechnet außerordentlich hoch, in erster Linie beeinflusst durch den hohen Cash Flow aufgrund der erwarteten Zielerreichung im Bereich II. Unbekannt ist der Cash-Flow aus der Tätigkeit der beteiligten Bereiche ohne den Einfluss des Change-Projektes. Wäre dieser bekannt würde er die Zahl „Cash-Flow aus Veränderung" in realistischere Dimensionen verringern.

### 7.3.2 Sozialziele

#### 7.3.2.1 Ziele und Datenerhebung:

1. **Mitarbeiterverhalten: Der Grad der Motivation der Mitarbeiter und ihre Beteiligung an der Umsetzung der Ziele ist verbessert.** Die Mitarbeiterbefragung 2010 kann im Vergleich zur vorherigen Befragung (2008) bezüglich Veränderungen zu Motivation, Partizipation und Transparenz Auskunft geben. Die Daten liegen allerdings erst im November 2011 vor. Ersatzweise kann ein Interview des Steuerungskreises des Personalleiters Auskunft zu den Veränderungen in Motivation, Partizipation und Transparenz Auskunft geben. Er verfügt auch über Kenntnisse aus dem Steuerungskreis zum betrieblichen Gesundheitswesen und erhält Berichte aus den Teamleitermeetings.
2. **Die Entwicklung der Fluktuation und des Krankenstandes der Mitarbeiter ist im Jahres-Vergleich positiv.** Datenerhebung zu Fluktuation und Krankenstand im ersten Halbjahr 2010 im Vergleich zum Vorjahr durch eine Befragung des Bereichsleiters Personal.

#### 7.3.2.2 Ergebnisse

**Mitarbeiterverhalten, Fluktuation und Krankenstand.**

Im Interview am 08.09.2010 schätzen der Bereichsleiter Personal und der Bereichsleiter Finanzen/Unternehmensentwicklung die Entwicklung der Motivation und der Beteiligung der Mitarbeiter positiv ein. Aus den Teamleitermeetings werden positive Rückmeldungen der Teamleiter zur eigenen Zufriedenheit und zur Zufriedenheit vieler Teams berichtet. Die Kenntnis der Unternehmensziele und die Zielausrichtung der einzelnen Teams hätten zu einer besseren Kommunikation zu Aufgaben und Verantwortlichkeiten geführt. Nach Einschätzung der Bereichsleiter wirken die Teams teilweise sogar übermotiviert. Aus dem Steuerkreis zum betrieblichen Gesundheitsmanagement sind keine besonderen Themen bekannt geworden.

Der Krankenstand der Mitarbeiterinnen 2010 gegenüber 2009 hat sich nach Auskunft des Personalleiters nicht verändert hat. Ebenso ist die Fluktuation der Mitarbeiter unverändert.

Die Personalabteilung beobachtet durch die Zielvereinbarungen und Messung von Ergebnissen eine zunehmende Sichtbarkeit von Mitarbeitern mit geringerer Leistung und eine zunehmende Auseinandersetzung der Führungskräfte mit diesen Mitarbeitern. Die Prozesse zur Entwicklung dieser Mitarbeiter und zur Trennung von Mitarbeitern nehmen zu. Dies entspricht der Wahrnehmung des Bereichsleiters Finanzen/Unternehmensentwicklung, der von hohem Gesprächsbedarf bezüglich der Ziele und Kennzahlen in einem neu-organisierten Bereich berichtet.

### 7.3.3 Evaluation zu weiteren Ergebniszielen

#### 7.3.3.1 Ziele und Datenerhebung

Die Ziele sind im Zielportfolios aus Gehrden November 2009 zusammengefasst (siehe Abbildung 12). Die Datenerhebung zum Stand der Evaluation erfolgte durch Befragung der beiden Evaluationsbeauftragten (stv. Vorstand und BL Finanzen/Unternehmensentwicklung).

## 7.3.3.2 Ergebnisse:

| Nr. | Ziel | Das Ziel ist erreicht, wenn ... | Bewertung 08.09.2010/09.09.2010 |
|---|---|---|---|
| 1 | Kommunikation verbessern | ... alle MA die Ziele kennen | Ziel erreicht: Die Mitarbeiter wurden durch einen Vorstandsbrief im Intranet im März 2010 zum Gesamtprojekt informiert Die Teamleiter wurden außerdem am 10.06. durch den Vorstand persönlich informiert (einschließlich Gelegenheit zu Diskussion). |
| | | ... im FK1 quartalsweise berichtet wird | Ziel erreicht: Im FK1 wurde im Juli zum 1.Quartal 2010 berichtet, am 14. Oktober zum 1. Halbjahr 2010 |
| | | ... der Vorstand zum Ende des Berichtsjahres alle Mitarbeiter zum Erreichen der Ziele informiert. | Zielkontrolle ist erst 2011 möglich |
| 2 | Unternehmensziele werden stringent verfolgt | ...wenn alle Einzelziele auf die Unternehmensziele ausgerichtet sind und mit allen Mitarbeitern und Teamleitern umgesetzt werden | Ziel erreicht. Die Teamziele sind über die BSC und die Zielvereinbarungen alle auf Unternehmensziele ausgerichtet und werden von den Teams motiviert so weit wie möglich umgesetzt |
| 3 | Transparenz | ... alle Ziele für alle MA wahrnehmbar sind | Ziel erreicht, Unternehmensziele sind an alle Mitarbeiter kommuniziert. weitere Zielbewertung erfolgt nach Auswertung der Mitarbeiterbefragung |
| 4 | Motivation | ... alle Führungskräfte und Mitarbeiter Termintreue bei der Umsetzung der Ziele und Meilensteine zeigen | Ziel erreicht Die Termintreue ist angesichts der Meilensteinanalyse positiv. Abweichungen sind bewusst entschieden |
| | | ... Mitarbeiterstimmung positiv von den Bereichsleitern wahrgenommen wird | Ziel erreicht: Mitarbeiterstimmung wird abgesehen von Bereichen in Neu-Organisation und einzelnen Mitarbeitern positiver wahrgenommen |

| Nr. | Ziel | Das Ziel ist erreicht, wenn ... | Bewertung 08.09.2010/09.09.2010 |
|---|---|---|---|
| | | ... die Mitarbeiterbefragung zur Zufriedenheit bessere Ergebnisse bringt als die Befragung 2008 | Zielbewertung erfolgt nach Auswertung der Mitarbeiterbefragung |
| 5 | Identifikation, Wir-Gefühl | ... die Mitarbeiter sich aktiv am Zielerreichungsprozess beteiligen und überzeugte Mitarbeiter kritische Mitarbeiter mitnehmen | Ziel erreicht: Bereichsleiter berichten, dass die höhere Motivation sichtbar ist und die Mitarbeiter sich in „Flurgesprächen" zunehmend positiv über die BKK GS äußern. Das Selbstbewusstsein sei gestiegen, es würde mehr über Kompetenzen gesprochen und weniger über Mängel |
| | | ... viele Mitarbeiter (mehr als 200) an außerdienstlichen Unternehmensaktivitäten teilnehmen | Ziel erreicht: Betriebsfest am 11.09.2010 in Friedrichshafen wird von über 200 Personen besucht |
| 6 | bewusste Mitwirkung an Zielerreichung durch MA | ... die Teamleiter berichten, dass die Mitarbeiter ihr Handeln am jeweiligen Teamziel ausrichten | Zielbewertung erfolgt nach dem nächsten Teamleitertag im Februar 2011 |
| 7 | Instrument zur Fortschrittskontrolle | ... das Berichtswesen quartalsweise Ergebnisse liefert. | Ziel erreicht (s.o.): Im FK1 lagen Berichte zum 4. Quartal 2009, zum ersten und zweiten Quartal 2010 vor, einzelne Ziele und Maßnahmen wurden daraufhin nachgesteuert |
| 8 | Beteiligung | ... bei der Mitarbeiter-Befragung über 50% der Befragten sich beteiligt fühlen | Zielbewertung erfolgt nach Auswertung der Mitarbeiterbefragung |

*Abbildung 17: Datenerhebung zur Selbstevaluation*

### 7.3.4 Prozessziele

#### 7.3.4.1 Ziele und Datenerhebung:

1. **Der Prozess und die Teilprozesse verlaufen zeitlich wie geplant, die Meilensteine werden eingehalten und die Teilprozesse liefern die geplante Qualität.** Datenerhebung durch Analyse der Protokolle Steuerungsgruppe (Planung) und des faktischen Verlaufes nach Protokollen, Aufträgen und Berichten.

2. **Die Qualität nimmt entsprechend der Vorhaben laut Zielvereinbarung von Meilenstein zu Meilenstein zu, so dass alle Ziele der BSC erreicht werden.** Datenerhebung zum Zwischenstand im September 2010 mittels einer Tabelle, die die Ergebnisse der Abstimmungsgespräche zwischen Controlling und den einzelnen Bereichen zur Zielerreichung meilensteingenau dokumentiert.

3. **Die Ressourcen für das Projekt entsprechen der Planung (Prozesskosten für Steuerung, Schulungen Workshops und Zielvereinbarungsprozess).** Datenerhebung durch eine Kostenrechnung zu den Managementkosten (Aufwandsberechnung Steuerung, Workshops und Schulungen und interne Kosten) und den Umsetzungskosten (Zielvereinbarungsgespräche). Diese Berechnung geht auch in die Kennzahl Return On Change ein.

#### 7.3.4.2 Ergebnisse

**1. Prozessverlauf**

Die Kommunikation an die Mitarbeiter und an die Führungskräfte verlief laut Plan.

Die BKK hat einen Workshop mit allen Teamleitern im Juni durchgeführt, der zumindest zur Hälfte für den aktuellen Prozess genutzt wurde. Der Vorstand hat ein weiteres Mal die Strategie erläutert und die Bereichs-/Abteilungsleiter haben das Vorgehen mit den Teamleitern diskutiert. Eine interne Kommunikation zum gemeinsamen Vorgehen wurde erarbeitet und entschieden. Der Workshop ist im Kostenplan aufgenommen.

Das Kennzahlensystem war rechtzeitig durch Controlling bereitgestellt.

Das Handbuch für die Führungskräfte „Führen mit Zielen" war rechtzeitig zur Schulung der Teamleiter fertiggestellt.

Im Zeitplan fand die Schulung der Teamleiter gegenüber der ursprünglichen Planung „Januar" erst in der ersten Woche des Februars statt. Vom Ergebnis her brachten die Schulungen das gewünschte Ergebnis.

Die Festlegung der Zielfelder auf Teamebene und die Kennzahlendefinition (Instrumente: „Zielcoaching" als Angebot) fand nicht im Januar, sondern erst in der zweiten Februarwoche statt.

Die Zielvereinbarungsgespräche fanden kaskadierend erst im Februar und März statt, das gesamte Zielportfolio einschließlich der (lückenhaften, s. u.) Rückkopplung der Zielgrößen im Controlling war erst im März vollständig.

Zielcoaching nahmen 5 der 7 Bereiche wahr, in einem Bereich war außer der Bereichsleitung kein Abteilung- oder Teamleiter involviert. 2 Bereiche nahmen kein Zielecoaching wahr. Die Ziele entsprachen in diesen Bereichen nicht den vereinbarten Gütekriterien der Überprüfbarkeit.

Die Rückkopplung der Zielgrößen mit Controlling wurde in einem Bereich verabredungsgemäß nicht in die Zielformulierung (Überprüfung hinsichtlich Messbarkeit und Kennzahlen) einbezogen. Dies hat keine negativen Folgen, die Ziele sind messbar und werden voraussichtlich erreicht.

In drei weiteren Bereichen war Controlling entgegen der Planung nicht in die Rückkopplung der Zielgrößen einbezogen. Die Folgen sind, dass

- in einem Bereich (der auch nicht gecoacht wurde) kein messbares Ziel vereinbart wurde,
- in einem weiteren Bereich (der gecoacht wurde), die Messbarkeit zwar gegeben ist, allerdings nicht im Zielvereinbarungszeitraum,
- in einem dritten Bereich (der nicht gecoacht wurde) messbare Ziele vereinbart wurden, die aber nicht direkt kausal mit der Tätigkeit der Mitarbeiter zusammenhängen.

Die Zielkontrolle anhand der Kennzahlen wurde auf operativer Ebene zwischen Teams und Controlling sukzessive ab Mai gestartet, ab Oktober sind alle Teams in der Zielkontrolle.

Der Steuerungsprozess durch die Steuerungsgruppe verlief verabredungsgemäß, die Termine wurden der leichten Verzögerung der Umsetzung angepasst.

## 2. Fortschrittskontrolle der Qualität

Mit der laufenden Datenerhebung durch die Abteilung Controlling auf Basis der Gespräche mit den einzelnen Bereichen ist eine detaillierte Bewertung Qualitätsentwicklung von Meilenstein zu Meilenstein möglich. (siehe Abbildung 16). Die Qualitätsentwicklung ist positiv, die obige Einschätzung zur Gesamtzielereichung zeigt insgesamt ein positives Ergebnis. In Bereichen, die ihre Ziele nicht erreichen werden, ist dies auffällig geworden, die Gründe werden besprochen und Maßnahmen werden – wo es möglich ist – nachgesteuert.

### Prozesskosten

Die Prozesskosten wurden nach unten stehendem Schema von der BKK GS ermittelt. In die Summe gingen alle Personal- und Beratungskosten ein, die in direktem Zusammenhang mit dem Change Management, den Workshops- und Schulungsmaßnahmen und dem Zielvereinbarungsprozess stehen. In die Summe gingen zunächst keine „sonstigen Kosten" für Übernachtung und Fahrtkosten ein, keine Opportunitätskosten der Führungskräfte und keine weiteren Aufwendungen. Die Summe der so berechneten Aufwendungen beträgt 60.922€

| Datum | Ereignis | beteiligte Personen | zeitlicher Aufwand | interne Personalkosten | Beratungskosten (externe) | Sonstige Kosten | Gesamtsumme |
|---|---|---|---|---|---|---|---|
| 05.06.2009 | Steuerungsgruppe | Vorstand, stv. Vorstand, BL, Referent, 2 Berater | 0,25 Tage | | | | |
| 06.10.2009 | Steuerungsgruppe | Vorstand, stv. Vorstand, BL, Referent, 2 Berater | 0,25 Tage | | | | |
| 16.11.2009 | Steuerungsgruppe | Vorstand, stv. Vorstand, BL, Referent, 2 Berater | 0,25 Tage | | | | |

| | | | | | | | |
|---|---|---|---|---|---|---|---|
| 23.02.2010 | Steuerungsgruppe | Vorstand, stv. Vorstand, BL, Referent, 2 Berater | 0,25 Tage | | | | |
| 11.05.2010 | Steuerungsgruppe | Vorstand, stv. Vorstand, BL, Referent, 2 Berater | 0,25 Tage | | | | |
| 27.05.2010 | Steuerungsgruppe | Vorstand, stv. Vorstand, BL, Referent, 2 Berater | 0,25 Tage | | | | |
| 02.11.2010 | Steuerungsgruppe | Vorstand, stv. Vorstand, BL, Referent, 2 Berater | 0,25 Tage | | | | |
| xx.01.2010 | Steuerungsgruppe | Vorstand, stv. Vorstand, BL, Referent, 2 Berater | 0,25 Tage | | | | |
| xx.02.2010 | Steuerungsgruppe | Vorstand, stv. Vorstand, BL, Referent, 2 Berater | 0,25 Tage | | | | |
| 26./27.11.2009 | Workshop Gehrden Nov 2009 | 11* FK1, 5 * erweiterter FK1, 2 Berater | 1,5 Tage | | | | |
| 01./02.02.2010 | Seminar TL I | 10 Teamleiter, 2 Trainer | 2 Tage | | | | |
| 04./05.02.2010 | Seminar TL II | 10 Teamleiter, 2 Trainer | 2 Tage | | | | |
| 09.–16.02.2010 | Zielcoaching für Bereichsleiter mit Abteilungsleitern | 1 Coach, 1-3 BL/AL/TL | 1,75 Tage | | | | |

| | | | | |
|---|---|---|---|---|
| März und April 2010 | Zievereinbarungsgespräche | Führungskräfte in 29 Gespräche *etwa 2 Stunden | 60 Stunden | |
| 10.06.2010 | TL Workshop | 30 FK, 2 Trainer | 1 Tag | |
| 20./21.01.2011 | Workshop Gehrden Jan 2011 | 11* FK1, 5 * erweiterter FK1, 2 Berater | 2 Tage | |

Summe: 60.922 €

*Abbildung 18: Kostenkalkulation Change Management BKK, Details nicht freigegeben*

Die ursächlich angefallenen Reise- und Übernachtungskosten für die Workshop- und Schulungsteilnehmer (z. T. Anreise aus Friedrichshafen) sind mit weiteren circa 10.000 € anzusetzen. In Zielcoachings waren Teilnehmer aus Friedrichshafen über Videokonferenzen zugeschaltet. An weiteren Opportunitätskosten (besondere Maßnahmen zur Zielerreichung, Meetings zur monatlichen Abstimmung Controlling etc.) werden weitere 10.000 € geschätzt. Weitere Aufwendungen sind nicht bekannt.

Der Gesamtaufwand der Maßnahme beträgt demnach 80.922 €.

### 7.4 Zusammenfassende Bewertung der Datenerhebung zum Veränderungsprojekt

Die BKK GS hat die Ziele, die sie sich mit dem Projekt „Führen mit Zielen" und der Einführung der Balanced Scorecard gesetzt hat, weitgehend erreicht. Die abschließende Bewertung wird erst nach Ablauf der Zielperiode am 28.02.2011 möglich sein; der aktuelle Zielerreichungsgrad ist allerdings bereits so hoch, dass diese Voraussage sehr plausibel ist.

Schon jetzt ist deutlich erreicht, dass alle Bereiche und Teams durchgehend auf die Unternehmensziele ausgerichtet sind. Ebenso ist durch das Projekt die Steuerung des Unternehmens mittels Kennzahlen in monatlichen /Quartalsberichten realisiert. Die Transparenz zu Zielen wurde hergestellt und die Fortschrittskontrolle bei der Ziel-Erreichung wird praktisch umgesetzt.

Die Sozialziele lassen sich noch nicht endgültig bewerten, die anstehende Mitarbeiterbefragung wird hier noch Ergebnisse liefern. Auch hier deutet sich aber nach Gesprächen mit Führungskräften und Mitarbeitern eine Zielerreichung an.

Der Prozess verlief annähernd planmäßig, geringe Zeitverzögerungen in der Vorbereitung und Schulung wirkten auf die Zielvereinbarungsgespräche, die 4-6 Wochen später als geplant abgeschlossen waren. Die faktischen Auswirkungen der Verspätung sind allerdings vernachlässigbar. Eine größere Auswirkung hat es, dass einige Bereiche ihre Ziele nicht mit Controlling abgestimmt haben und die Zielqualität dadurch nicht dem Vorhaben entspricht. Einige Ziele sind so formuliert, dass eine quantitative Messung mit Kennzahlen der BKK GS nicht wie vorgesehen möglich ist. Diese Qualitätsabweichungen bei der Zielformulierung bieten Gelegenheit zu Verbesserungen in einem weiteren Durchlauf im kommenden Jahr.

Die „Lücke" im Steuerungsprozess zwischen Mai und November 2010 kann noch nicht abschließend bewertet werden. Für diesen Zeitraum zeichnet sich nach den Berichten der Bereichsleiter allerdings eine sehr dynamische Phase ab (Zielqualität und Zielerreichung werden erkennbar). Die Umsetzung wurde offensichtlich deutlich auf der operativen Ebene verantwortet und war von einer Eigendynamik begleitet. Eine Reflexion dieser Phase – eventuell mit der Konsequenz einer stärkeren Abstimmung unter den Führungskräften und einer stärkeren Einwirkung der Führungskräfte auf die operative Ebene und einer Intensivierung der Kommunikation scheint aus aktueller Sicht opportun.

Das finanzielle Ergebnis der BKK GS 2010 wird wesentlich besser sein als geplant, die Maßnahmen der Strategie und der Balanced Scorecard haben hierbei einen maßgeblichen Einfluss.

Der Erfolg des Projektes zeigt sich auch im berechneten Return On Change: auf Basis der aktuellen Schätzung ist er außerordentlich hoch, hier wirkt der positive Cash-Flow im Bereich II (Beiträge)so stark, dass die Investitionen in das Projekt weitaus überstiegen werden. Die mittel- und langfristigen Wirkungen (Outcome) werden aktuell ebenfalls positiv eingeschätzt.

Die nicht im erwarteten Maß gestiegene Mitgliederzahl der BKK Gildemeister Seidensticker ist zum einen ein nicht erreichtes Ziel des Projektes bzw. der Balanced Scorecard für den Bereich VII (Vertrieb). Zum anderen ist damit ein strategisches Ziel (Wachstum) für die gesamte BKK verfehlt worden, das für die kommenden Jahre große Bedeutung hat.

## 8 Zusammenfassung und Schlussfolgerungen

Die Evaluation im vorliegenden Beispiel ist auf Grund der zeitlichen Differenz zwischen dem Change-Projekt und der hier vorliegenden Arbeit noch nicht abgeschlossen, es ist also keine abschließende Bewertung Ex-Post möglich. Die laufende Evaluation lässt allerdings bereits Schlüsse zu, auf jeden Fall bezüglich der Planung und der Durchführung des Controllings. Die bisherigen Zwischenergebnisse lassen auch eine Extrapolation zu.

Das vorliegende Pilotprojekt zeigt, dass eine Evaluation im Sinne eines betriebswirtschaftlichen Controllings in Veränderungsvorhaben möglich ist und dass Zielerreichung messbar ist.

### 8.1 Formulierung und Messbarkeit von Zielen

In Anlehnung an BACH STEINHAUS[65] wurden Leistungsziele, Sozialziele und Prozessziele (Programmablauf) formuliert, außerdem wurde die Prozesseffizienz im Sinne einer Kostenrechnung gemessen. Wertziele wurden mit Start des Veränderungsprojektes nicht definiert, allerdings im Laufe des Prozesses bei der Zieldefinition der einzelnen Bereiche vorgenommen, der monetäre Wert der Veränderung (Output) wird nachgehalten.

Die Zielformulierung wurde zum Teil von der Steuerungsgruppe vorgenommen, zum Teil von dem Gesamtkreis der Führungskräfte. Die weitere Ausdifferenzierung der Wertziele wurde von den einzelnen Bereichen verantwortet. In allen Fällen war die Zielformulierung nicht trivial, sondern war Gegenstand von Diskussion zwischen Beteiligten und bedurfte der Beratung durch Experten. Als interne Berater war die Bereichsleitung Finanzen und der Bereich Controlling aktiv, indem Kennzahlen erarbeitet wurden und die Messbarkeit der Ziele realisiert wurde. Die externe Beratung wurde zum Zielcoaching der Bereiche genutzt und zur Planung und Moderation des Führungskräfteworkshop. Die Notwendigkeit der Beratung durch Experten zeigt sich zum einen in der mangelhaften Güte der Zielformulierung in einigen Bereichen, die weder Zielcoaching noch Controlling-Beratung nachfragten. Zum anderen weisen alle Bereiche, in denen sowohl der externe Berater als auch Controlling beteiligt waren, messbare und verwertbare Ziele auf.

Für alle Ziele sind Messkriterien vereinbart worden, so dass die Zielerreichung des Projektes bezüglich Ergebnis- und Prozesszielen plausibel messbar ist. Die Ziele sind messbar, da wahrnehmbare Größen mit vereinbarten Maßstäben verglichen werden. Dies waren nicht immer nur Auswertungen der Finanzbuchhaltung und Kennzahlen. Das Ziel „Stärken des WIR-Gefühls"

---

[65] BACH, STEINHAUS in KRÜGER (2008: 315, 317,. 324 ff.), vgl. Kapitel 6.2.

wurde zum Beispiel u. a. an der Anzahl der teilnehmenden Mitarbeiter am Sommerfest gemessen.

Die messbaren Zwischenziele sind nachprüfbar erreicht oder verfehlt, aus der Messbarkeit der qualitativ formulierten Ziele ergibt sich eine prinzipielle Messbarkeit bei hinreichender Qualität in der Zielformulierung.

## 8.2 Kalkulation und Messbarkeit des Aufwandes

Der Prozessverlauf ist im vorliegenden Beispiel zunächst in einem Gesamtentwurf einschließlich Steuerung, Kommunikationsplanung und Evaluation skizziert (Abbildung 13: Zeitplan zum Projektstart Mai 2009). Aus der Grobskizze entstand ein Detailplan zum operativen Ablauf detailliert in einem Flussdiagramm mit Zeitangaben (Abbildung 14). Der erste Prozessplan dient der Orientierung der Steuerungsgruppe und vermittelte insbesondere die Steuerungsaufgaben für die operative Umsetzung. Die Folge war eine intensive begleitende Steuerung bis Juni 2010 und die Absicht, diese ab November 2010 wieder aufzunehmen. Der zweite Prozessplan wurde in der Kommunikation an die Führungskräfte und Mitarbeiter genutzt und diente der Orientierung zum Prozessablauf.

Aus den Prozessplänen lässt sich im Sinne eines Prozesscontrollings direkt die bedingte Folge der einzelnen Prozessschritte ablesen und die Auswirkungen zeitlicher Verzögerungen erkennen. Im vorliegenden Beispiel waren die Verzögerungen der Schulungen der Teamleiter und der nachfolgenden Coachings direkt nachvollziehbar der Grund für die verspäteten Zielvereinbarungen. Die Prozessplanung und der Vergleich mit der im Kalender dokumentierten Realität lässt hier keinen Deutungsspielraum.

Die Prozesspläne wurden im vorliegenden Beispiel zur Nachsteuerung während des Projektes genutzt, hier diente das Prozesscontrolling direkt dem Führungssystem. Die Steuerungsgruppe hat auch inhaltliche Ergänzungen vorgenommen: zum Beispiel wurden Rückmeldungen aus dem Kreis der Teamleiter zu mangelnder Transparenz der Unternehmensziele aufgenommen und ein Teamleiterworkshop mit Information und Diskussion der Strategie (10.06.2010) in das Projekt integriert.

Aus der Gesamtheit aller Prozessbestandteile errechnet sich als Summe aller Aufwendungen für die einzelnen Prozessbestandteile der Gesamtaufwand für das Veränderungsvorhaben. Auch wenn im vorliegenden Beispiel kein explizites Kostenziel genannt war, ist so belegt, dass ein Budget für Managementmaßnahmen in Veränderung sowohl bezifferbar ist als auch nachgehalten werden kann. Im vorliegenden Beispiel wurde in erster Linie der personale Aufwand der Beteiligten für die Planung und Steuerung des Prozesses, für die Schulung der Beteiligten sowie für die Umsetzung der Vorhaben eingerechnet. Weitere Kosten können berücksichtigt werden, wenn die interne Finanzbuchhaltung die entsprechenden Zahlen bereitstellen kann oder plausible Schätzungen getroffen werden können.

(Unerwartete) Nebenwirkungen und Nebenkosten, die nicht einzelnen Prozessbestandteilen zugeordnet sind, werden nicht erkennbar. Im vorliegenden Beispiel entstanden als unmittelbare Folge der Diskussionen um Ziele und Zielerreichungen unerwartete Diskussionen mit einzelnen Mitarbeitern zu ihrem persönliche Leistungsbeitrag. So plausibel dieser Zusammenhang im Nachhinein ist, der Verlauf zeigt doch, dass unerwartete Nebenkosten mit zu berücksichtigen sind. Im vorliegenden Fall wurden diese Nebenkosten nicht weiter beziffert, sondern in den Posten „Outcome" integriert.

Trotz dieser Einschränkung bezüglich der Nebenwirkungen belegt die beispielhafte Prozessplanung und Aufwandsplanung die These, dass es nicht unmöglich ist, den Aufwand eines Change-Projektes zu kalkulieren und zu messen.

## 8.3 Die Kennzahl „Return on Change"

In der Zusammenführung der von CAPGEMINI entwickelten Kennzahl *Return on Change Management* (siehe Kapitel 6.3) mit der Schätzung einer langfristigen Wirkung des Change-Projektes im Sinne eines Outcome kann ein *Return on Change* berechnet werden. Im vorliegenden Pilotprojekt gelang dies durch die Quantifizierung der einzelnen Bereichsziele und der Bemessung der voraussichtlichen Zielerreichung mit ihrer monetären Auswirkung.

Die langfristige Wirkung eines Change-Projektes bleibt nur vage schätzbar. Dass eine Veränderung der Unternehmenskultur hin zu Transparenz, direkter Kommunikation, delegierender und wertschätzender Führung die Wettbewerbsfähigkeit eines Unternehmens steigert, ist vielfach belegt[66]. Die genaue Wertschöpfung aus dieser Werte-Arbeit ist allerdings nicht beziffert. Die Schätzung einer langfristigen Wirkung in zumindest drei Größen scheint aber möglich und sinnvoll: 1. Das Change-Projekt zeigt eine langfristige positive Wirkung auf den Unternehmenserfolg. 2. Das Change-Projekt zeigt keine Wirkung auf den langfristigen Unternehmenserfolg. 3. Das Change-Projekt zeigt eine langfristige negative Wirkung auf den Unternehmenserfolg. Diese Schätzung der langfristigen Wirkungen einschließlich aller Nebenwirkungen ist möglich und sinnvoll zur Korrektur eines kurzfristigen RoI der Veränderung.

---

[66] Vgl.: HAUSER, SCHUBERT, AICHER (2008), STRIKKER, H. (2010).

Im Pilotprojekt Beispiel ist aus dem erwarteten mittelfirstigen operativen Cash-Flows, der Motivationssteigerung der Mitarbeiter, der rückgemeldeten besseren Transparenz zu Unternehmenszielen aus dem Kreis der Teamleiter eine langfristig positive Wirkung anzunehmen, die aber nicht weiter berechnet wird.

Die Investition in ein Change-Projekt lässt sich relativ gut berechnen, der Aufwand ist, wie oben gezeigt, kalkulierbar und messbar.

Die Aussagekraft des *Return on Change* bleibt trotz allem anfechtbar: Kritiker können vorbringen, dass für einen hohen RoC- Wert vor allem ausschlaggebend ist, die richtigen („wertvollen") Ziele in ein Change-Projekt einzubringen, eventuell sogar solche, die sowieso vom Unternehmen verfolgt worden wären. Ob die im Pilotprojekt für den hohen Wert des RoC ausschlaggebende Zielerreichung von 2.000 T€ eventuell auch jenseits des vorliegenden Change-Projektes verfolgt worden wäre, ist nicht bekannt, es ist allerdings bekannt, dass das Ziel im Rahmen des Change-Projektes erstmals konsequent verfolgt wurde.

Für weitere Aussagen zur Anwendung eines RoC im Change Management sind weiterführende vergleichende Studie mit Berechnungen des RoC nach dem hier vorgestellten Verfahren in verschiedenen Change-Projekten erforderlich.

### 8.4 Messbarkeit des Erfolges

Als Ergebnis der Zielmessung bezüglich Ergebnis und Prozess, der Berechnung des RoC und der Prozesskosten ist eine differenzierte Gesamtbeschreibung der Zielerreichung möglich. Damit ist auch der Erfolg im Sinne der prozentualen Zielerreichung einzuschätzen. Die Erreichung der Ergebnisziele und des RoC stehen zunächst im Mittelpunkt der Bewertung, als zweite Datenquelle kann bewertet werden, inwieweit die Zielerreichung mit den geplanten Mitteln und im geplanten Prozess möglich war. Im vorliegenden Beispiel kann voraussichtlich nicht von einer 100 %-igen Zielerreichung ausgegangen werden, da einige Bereiche ihre Ziele absehbar verfehlen werden. Gleichzeitig kann angesichts des positiven RoC und der hohen Zielerreichung in den Sozialzielen (insbesondere der Selbstevaluation) ein weitgehender Erfolg plausibel begründet werden. Entscheidend dabei werden auch die Wertentwicklung und die leicht verbesserte Marktposition der BKK Gildemeister Seidensticker ins Gewicht fallen, denn diese strategischen Ziele waren der Anlass für das Change-Projekt „Führen mit Zielen" und sollten mit seiner Hilfe erreicht werden.

Die abschließende Bewertung der Erfolgsziele ist allerdings nur im Zusammenhang mit der Bewertung der Zielqualität und weiteren (externen und internen) Entwicklungen während des Change-Projektes möglich. Es bleibt theoretisch die Interpretationsmöglichkeit, dass die erreichten Ziele nicht herausfordernd genug (oder die verfehlten Ziele zu ambitioniert) formuliert waren. Nicht vorhersehbare Entwicklungen sind im Gesundheitsmarkt durch den starken Einfluss der Politik unvermeidlich, die Erfolgsbewertung Ex-Post könnte erreichte bzw. verfehlte Ziele auf äußere Einflüsse zurückführen. Angesichts der verbesserten Marktposition bietet im vorliegenden Beispiel eine vergleichende Kennzahl zum Wettbewerb eine gewisse Korrektur. Innere Einflussgrößen wirken ebenso auf die Interpretation der Messdaten zur Zielerreichung. Im vorliegenden Beispiel wurde zum Beispiel die verpasste Zielerreichung in einem Bereich mit dessen Neuausrichtung, organisatorischen Neupositionierung und dem Wechsel der Teamleitung begründet.

Die Evaluation der Ziele eines Change-Projektes dient immer auch vorausschauend der Qualität zukünftiger Ziele, indem die Ergebnisse der Zielevaluation in den zukünftigen Zielformulierungsprozesses eingehen.

Die aufgrund der Messung bekannte weitgehende Einhaltung des Prozesses und die nicht über die Planungsgrößen hinausgehende Ressourcenverwendung trägt ebenfalls zunächst zu einer positiven Bewertung „Erfolg" bei. Hier fehlen allerdings Vergleichsdaten, denn erst in der Relation wird deutlich werden, inwieweit dieser Prozess eventuell kostengünstiger zu gestalten wäre. Eine zeitliche Straffung ist angesichts der Periodenorientierung des Zielvereinbarungsprozesses auf ein Jahr inhaltlich nicht sinnvoll.

Letztlich ist also nicht der Erfolg des Change-Projektes messbar, sondern es ist über Change-Controlling die Erarbeitung einer Datengrundlage für die Erfolgsbewertung möglich. Je umfassender diese Datenlage ist, desto sicherer ist ein fundiertes Plausibilisieren des Erfolges. Im Pilotprojekt ist der Zusammenhang zwischen der Verbesserung der externen Kennzahl „Krankenkassenranking", des wirtschaftlichen Erfolges im Jahr, der hohen Zielerreichung, des eingehaltenen Kostenrahmens und der guten Rückmeldung zur Erreichung der selbstgesteckten Sozialziele ein umfassender Begründungsrahmen, um das Projekt als positiv erfolgreich zu bewerten.

### 8.5 Evaluation und Controlling als Steuerungsaufgaben

Controlling und Evaluation dienen dem Führungssystem, sie stellen Informationen bereit, unterstützen Planungs- und Kontrollprozesse und sichern deren Qualität. Offensichtlich wird dieser Nutzen für das Führen und Managen von Change-Projekten von den verantwortlichen Geschäftsführern nicht im bedeutenden Maße gesehen, die Gründe sind oben dargelegt (vgl. Kapitel 6). Tendenziell erachten die Verantwortlichen den Nutzen gegenüber dem Aufwand als zu gering und richten ihre Aufmerksamkeit und Kommunikation eher auf die Neuerung an sich als den Nachweis des betriebswirtschaftlichen Erfolges. Andere Beteiligte haben einen größeren Nutzen von einem fundierten Controlling im Change: Zum einen die externen Berater, die einen Beleg für ihre erfolgreiche Beratung, Intervention, Begleitung und Steuerung bestens als Referenz verwerten können. Zum anderen die internen Projektmanager, die durch Evaluation und Controlling die Aufgaben und Ziele ihres Projektes vereinbaren, das Berichtswesen gestalten, den Verlauf steuern sowie abschließend den Erfolg belegen können. Und als dritte Gruppe die internen Controller, die ihre Fachkompetenz nützlich einbringen können und durch professionelles Controlling Einfluss auf Prozesse und Ergebnis erzielen.

Auch im Pilotprojekt wurde die Evaluation vom externen Berater angeregt und die Zielformulierung forciert. Zunächst in der Steuerungsgruppe, später im Kreis der Führungskräfte (erweiterter FK1) wurden die jeweiligen Beteiligten aufgefordert, Ziele und Messkriterien zur Zielerreichung zu formulieren.

Ebenfalls im Pilotprojekt übernahm der Bereichsleiter Controlling (zunächst gemeinsam mit dem stv. Vorstand) die interne Projektleitung. Entsprechend waren die Prozesse im Change-Projekt auf die Möglichkeit eines Controllings ausgerichtet und alle notwendigen Instrumente (Kennzahlen, Ressourcen der Controllingabteilung, etc.), standen rechtzeitig bereit.

Auf diese Weise standen die Informationssysteme für das Führungssystem zur Steuerung durchgängig im Projekt bereit und eine umfassende Ex-Post Analyse zur Qualitätssicherung ist möglich.

Controlling und Evaluation wird offensichtlich weniger von der Führung verlangt, ist aber eine Option für externe Berater, interne Projektleiter und Controller, ihre Expertise zum Nutzen des Projektes und zur eignen Positionierung einzubringen. Sie entsprechen damit ihrer organisationalen Funktion des Experten für die Beratung des Führungssystems und die Steuerung der Prozesse.

### 8.6 Erfolgskonstruktion durch die Beteiligten

Wie oben dargelegt, ist nicht der Erfolg eines Change-Projektes messbar, wohl aber sind Erfolgsparameter formulierbar und ihre Erreichung messbar. Die Erfolgsbewertung schließt sich der Messung an, ist aber auch immer ein interpretativer Vorgang unter Einbezug externer und interner Einflussgrößen und ein Vergleich mit anderen Projekten und Daten. Neben dieser Bewertung ex post, wie sie auch von GREIF et al. als „Labeling und soziale Konstruktion" definiert wird[67], formulieren die Beteiligten auch die Ziele und Messkriterien zu Beginn des Change-Projektes und definieren so den Erfolg ex ante. Diese soziale Konstruktion nehmen sie in verschiedenen Funktionen und Konstellationen wahr: Als Entscheider und Stratege, als Mitglieder eines beratenden Steuerungskreis, als umsetzende interne oder externe Projektleiter (mit Ergebnisverantwortung), als Controller, als beteiligte Führungskräfte, evtl. auch als Mitarbeiter. In der Regel wird der Zielprozess auch in Change-Projekten ähnlich einem partizipativen Management by Objectives[68] kaskadiert, das heißt die strategischen Grobziele werden in Feinziele und Maßnahmen über die Hierarchieebenen einer Organisation herunter gebrochen[69].

Im Pilotprojekt wurden die Ziele des Projektes in der Steuerungsgruppe am 05.06.2009 diskutiert und formuliert, dieser Entscheidung gingen neben den internen Diskussionen auch Gespräche zwischen dem internen Projektleiter und dem externen Berater voraus. Weitere 8 Ziele wurden im erweiterten Führungskreis mit 16 Personen mit Messkriterien formuliert, hier waren mit allen Bereichsleitern, einigen Abteilungsleitern, Personalrat, Innenrevision und weiteren Stabsmitarbeitern wesentliche Schlüsselpersonen und -gruppen beteiligt. Die Ziele der Balanced Scorecard wurden in den einzelnen Bereichen von den Bereichsleitern mit Abteilungs- /Teamleitern weiter detailliert und mit Messgrößen versehen. Dabei wurde überwiegend externe Beratung hinzugezogen und zum Teil anschließend die Abteilung Controlling für die Zuordnung von Kennzahlen beteiligt. Angesichts dieser umfangreichen Beteiligung nimmt es nicht Wunder, dass ein großer Teil der Führungskräfte überzeugt ist, auf dem richtigen Weg zu sein und die richtigen Ziele anzuvisieren und diese auch zu erreichen.

Im Sinne einer Zielevaluation ex ante hat der externe Berater sowohl im erweiterten Führungskreis (Schloss Gehrden im November 2009) als auch in einigen Bereichscoachings die Frage gestellt, ob die Anwesenden der Meinung sind, dass sie diese Ziele erreichen. Diese Frage wurde immer einhellig mit „Ja" beantwortet, sie ersetzt allerdings nicht eine individuelle Befragung im Sinne einer wissenschaftlichen Erhebung.

---

[67] GREIF et al (2004: 37), siehe Kap. 6.1.
[68] ULRICH, FLURI (1995: 245).
[69] HOFMANN, PORTONG (2010: 96).

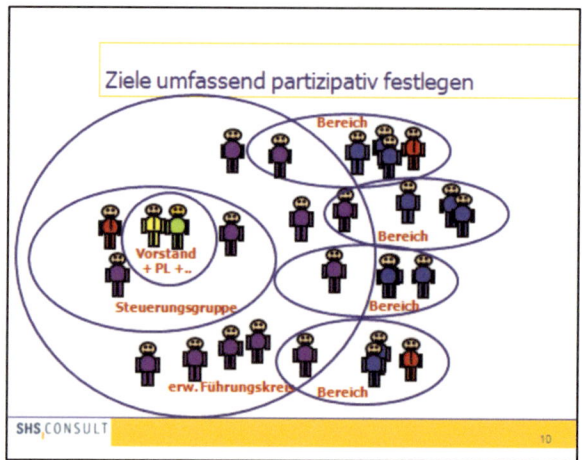

Abbildung 19: Erfolgsplanung durch partizipative Zielformulierung

Eine abschließende Bewertung anhand des hier dargestellten Beispiels kann noch nicht vorgenommen werden, da das Projekt noch nicht abgeschlossen ist. Nach Projektabschluss im März 2011 wäre in einer ergänzenden Studie die Frage zu klären, wie die Beteiligten ihren Einfluss auf die Zielgestaltung erleben und wie sie ihre Zielformulierung dann bewerten.

Zum jetzigen Zeitpunkt bieten sich lediglich Indizien dafür, dass der externe Berater veranlasst hat, dass die Beteiligten im Sinne GREIF et al. den Erfolg sozial konstruieren, die Form der Planung und Zieldiskussion weist ebenso darauf hin wie die unterjährige bewertende Diskussion zum Projekt in den Teamleiterschulungen, den Steuerungsgruppen und dem Teamleiterworkshop am 10.06.2010.

### 8.7 Controlling und Evaluation begründen Erfolg in Change-Projekten

Vorausgesetzt, dass ein Ergebnis- und Prozesscontrolling messbare Ergebnisse liefert für eine fundierte Erfolgsbewertung (siehe Kapitel 8.4), und vorausgesetzt, dass die Beteiligten in einem professionellen Evaluations- und Controllingprozess bereits mit dem Beginn des Projektes Ziele formulieren, und vorausgesetzt, dass die Beteiligten den Erfolg sozial konstruieren, (siehe Kapitel 8.6), so folgt daraus, dass Controlling und Evaluation über die Zielformulierung, den Beitrag zur Prozesssteuerung bis zur Zielmessung die Grundlage für eine voraussichtlich positive Erfolgsbewertung durch die Beteiligten leistet.

Für die Funktion des Geschäftsführers oder Vorstandes mit der ihr innewohnenden Deutungshoheit ist diese Erfolgsunterstützung weniger wichtig. Die politisch motivierte Interpretation rudimentärer Daten als voller Erfolg (oder eventuell auch als Misserfolg des vom Vorgänger angestoßenen Projektes) ist aus dieser Position unter Umständen sogar leichter als die Rechtfertigung auf Grund einer umfassenden Datenlage zur Zielerreichung, zu Prozessverlauf und -kosten, die gegebenenfalls auch Einwände en detail ermöglichen.

Für die Funktion des externen Beraters, des internen Projektleiters oder auch des Controllers dagegen ist der gesamte Evaluationsprozess von Beginn bis Ende des Projektes eine große Hilfe zur Erfolgsplanung. Die faktische Steuerung entsprechend der in den Zielen formulierten Interessen ist auch im Projektverlauf so möglich, dass die soziale Konstruktion „Erfolg" zum Abschluss des Projektes wahrscheinlicher wird.

Evaluation/Controlling sind so verstanden der wesentliche Kommunikationsprozess zwischen Führung und steuernder Beratung, die zum Erfolg des Projektes beitragen, indem sie Zielklarheit schaffen, prozessuale Steuerung ermöglichen und die Interpretationen der Daten in Richtung „Erfolg" fördern.

Im Pilotprojekt waren alle Zieldiskussionen (Steuerungsgruppe, erweiterter Führungskreis, Bereichsberatungen) durch Beratung/Controlling angeregt und trugen dazu bei, dass sowohl der Vorstand seine Vorstellungen zur Strategie und der strategischen Bedeutung des Change-Projektes konkretisierte als auch die anderen Beteiligten ihre Sicht einbrachten. Selbst das Ziel „mehr Transparenz zu Zielen der BKK" wurde durch die Formulierung und Diskussion dieses Zieles bereits den Beteiligten transparenter.

Als Experten tragen externe Beratung und internes Controlling durch die professionelle Evaluation maßgeblich dazu bei, dass ein Change-Projekt erfolgreich verläuft.

Diese These ist durch die hier vorliegende Arbeit plausibilisiert, aber noch nicht ausreichend belegt. Hierzu wäre eine empirische Studie zur Korrelation von „Erfolgsbewertung" und „Einsatz von Controlling Tools" notwendig, eine erste Möglichkeit wäre eine Befragung analog der Change Management Studie von CAPGEMINI CONSULTING, die jährlich Manager befragen. Zur Ergänzung der subjektiven Aussagen der befragten Manager und Sicherung der Validität wären zum Beispiel Befragungen der beteiligten Berater und Controller sinnvoll.

## 9 Ausblick: Evaluation und Controlling in einer lernende Organisation

In seinem Entwurf einer „lernenden Organisation" hebt SENGE (2003: 15 ff.) hervor, wie wichtig eine gemeinsame Vision, ein Systemdenken und vor allem ein Teamlernen für die Entwicklung einer langfristig lebenden Organisation sind. Die systemische Lerntheorie des Triple-Loop-Lernens von BATESON[70] fußt auf dem Steuerungskreislauf von Entscheidungen, Evaluation der Ergebnisse und der Erfahrungen, Reflexion und neuen Entscheidungen in einer Organisation. Die zunehmende Überlagerung verschiedener Change-Projekte in Unternehmen fordert nicht nur ein Controlling einzelner Projekte, sondern die systematische Evaluation dieser Projekte zur Weiterentwicklung der Veränderungskompetenz einer Organisation. Veränderungskompetenz ist nicht nur eine der herausragend wichtigen Führungskompetenzen, sie ist auch eine wesentliche organisationale Kompetenz zur ständigen schnellen Anpassung an Veränderungen der Umwelt: „Zukunftsfähigkeit basiert auf Wandlungsfähigkeit."[71]

Für die Entwicklung eines „Multi-Change Managements"[72] und standardisierter Prozesse zum Change Management ist die Weiterentwicklung der Controllingkompetenzen im praktischen Change Management und die Reflexion der Erfahrungen mit Change-Controlling unverzichtbar. Change-Controlling ist in üblichen Change-Projekten ohne übermäßigen Aufwand umsetzbar, Evaluation und Controlling fördern den Erfolg in Veränderungen und die Anpassungsfähigkeit einer Organisation an wechselnde Umweltanforderungen.

---

[70] BATESON (1983), vgl. zum organisationalen Lernen auch HOFMANN (2010).
[71] KRÜGER (2006), S. 34.
[72] Vgl. HOFMANN (2009b).

## 10 Literatur

ARGYRIS, Chris (1997): Wissen in Aktion. Eine Fallstudie zur lernenden Organisation. Stuttgart

BACH, Norbert; STEINHAUS, Henrik (2006): Controlling der strategischen Erneuerung, in KRÜGER, Wilfried (2006), Excellence in Change. Wege zur strategischen Erneuerung. 3. vollständig überarbeitete Auflage. Wiesbaden, S. 311–399

BAECKER, Dirk (2009): Die Sache mit der Führung. Wien

BASS, B. M.; AVOLIO, B. J. (Hrsg.) (1994): Improving organizational effectiveness through transformational leadership. Thousand Oaks: Sage Publications

BATESON, Gregory (1983): Ökologie des Geistes (5. Aufl.). Frankfurt am Main

BEHRMANN, Detlev und FREY, Andreas (2003): Evaluation als Instrument zur Systemlenkung und Handlungsoptimierung in lernenden Organisationen. In GEIßLER, Harald (Hrsg.)(2003): Balance Organisation. Die Kunst ausgleichend zu führen. Neuwied

BKK GILDEMEISTER SEIDENSTICKER: Steckbrief Stand Juni 2006, Eigendruck unveröffentlicht

BKK GILDEMEISTER SEIDENSTICKER: Geschäftsbericht 2008 Eigendruck unveröffentlicht

BKK GILDEMEISTER SEIDENSTICKER: Geschäftsbericht 2009 Eigendruck unveröffentlicht

BÖTTCHER, Corinna; KESSELER, Franz Peter; STRIKKER, Frank (2008): Be number one. Kommunikation und Motivation in einem dynamischen Change Prozess. In: OrganisationsEntwicklung Heft 3/2008, S. 50-59

BRÜHL, Rolf (2004): Controlling. Grundlagen des Erfolgscontrollings. München

CAPGEMINI CONSULTING (2008): Change Management Studie 2008. Business Transformation – Veränderungen erfolgreich gestalten.
*www.de.capgemini.com/m/de/tl/Change_Management-Studie_2008.pdf*

CAPGEMINI CONSULTING (2010): Change Management Studie 2010. Business Transformation – Veränderungen erfolgreich gestalten.
*www.at.capgemini.com/m/at/tl/Change_Management_Studie_2010.pdf*
(13.09.2010, 16.44 Uhr)

CONGER, J. A.; KANUNGO, R. N. (1998). Charismatic leadership in organizations. Thousand Oaks, CA: Sage Publications

GEIßLER, Harald (Hrsg.) (2003): Balanced Organization. Die Kunst ausgleichend zu führen. Neuwied

GESUNDHEITSWESENKVPORTAL.DE http://www.kvportal.de/uber-46-millionen-beschaftigte-im-gesundheitswesen, 06.10.2010, 17:00

GOMEZ, Peter; PROBST, Gilbert (1997): Die Praxis des ganzheitlichen Problemlösens. Vernetzt denken, unternehmerisch handeln, persönlich überzeugen. 3. Aufl. Bern, Stuttgart, Wien

GREIF, Siegfried; RUNDE, Bernd und SEEBERG, Ilka: (2004): Erfolge und Misserfolge beim Change Management. Göttingen

HAUSER, Frank; SCHUBERT, Andreas; AICHER, Mona (2008): Unternehmenskultur, Arbeitsqualität und Mitarbeiterengagement in Deutschland. herausgegeben vom Bundesministerium für Arbeit und Soziales, http://www.bmas.de/portal/24844/f371__forschungsbericht.html, 19.10.2010, 15:00 Uhr

HOFMANN, Mathias (2009a): Der Change-Kreisel. In LEAO, Anja; HOFMANN, Mathias (Hrsg.) (2009): Fit for Change Band II. 40 praxisbewährte Tools und Methoden im Change für Trainer, Moderatoren, Coachs und Change-Manager, S. 12–21. Bonn

HOFMANN, Mathias (2009b): Multi-Change Management. in LEAO, Anja; HOFMANN, Mathias (Hrsg.) (2009): Fit for Change Band II. 40 praxisbewährte Tools und Methoden im Change für Trainer, Moderatoren, Coachs und Change-Manager, S. 381–388. Bonn

HOFMANN, Mathias, PORTONG, Thomas (2010): Leistungsentgelt im öffentlichen Dienst – eine Kulturveränderung gestalten. in STRIKKER, Frank (Hrsg.) (2010): Human Ressource im Wandel. Veränderungskompetenz entwickeln, S. 87–102. Bielefeld

HOFMANN, Mathias (2010): Durch Veränderungen lernen, durch Lernen verändern. in: GRAF, Jürgen (Hrsg.): Seminare 2010. Das Jahrbuch der Management Weiterbildung. Bonn

KAPLAN, Robert S.; NORTON, David P. (1997): Balanced Scorecard, Strategien erfolgreich umsetzen. Stuttgart

KLANDT, Heinz (2006): Gründungsmanagement: Der Integrierte Unternehmensplan. Business Plan als zentrales Instrument der Gründungsplanung. 2. vollständig überarbeitete Auflage. München

KOTTER, John P. (1996): Leading Change. Boston

KRAUS, Georg; BECKER-KOLLE, Christel; FISCHER, Thomas (2006): Handbuch Change Management. Steuerung von Veränderungsprozessen in Organisationen. Einflussfaktoren und Beteiligte. Konzepte, Instrumente und Methoden, 2. Auflage. Berlin

KRÜGER, Wilfried (2006): Excellence in Change. Wege zur strategischen Erneuerung. 3. vollständig überarbeitete Auflage, Wiesbaden

LANG, Rainer; ZANGL, Jutta (2008): The importance and use of analysis in change management, in: KLEWES; Joachim; LANGEN, Ralf (2008): Change 2.0. Beyond Organisational Transformation. Berlin

LEAO, Anja; HOFMANN, Mathias (Hrsg.) (2007): Fit for Change. 44 praxisbewährte Tools und Methoden im Change für Trainer, Moderatoren, Coachs und Change-Manager. Bonn

LEAO, Anja; HOFMANN, Mathias (Hrsg.) (2009): Fit for Change Band II. 40 praxisbewährte Tools und Methoden im Change für Trainer, Moderatoren, Coachs und Change-Manager. Bonn

MÄTHNER, Evelyn; JANSEN, Anne (2005): Evaluation im Coaching, Studienbrief des Zentrums für wissenschaftliche Weiterbildung (ZWW e.v.) an der Universität Bielefeld (Hrsg.) im Studiengang Coaching und Moderation

NEUBERGER, Oswald (2002): Führen und führen lassen. Ansätze, Ergebnisse und Kritik der Führungsforschung. 6. Auflage. Stuttgart

PFETZING, Karl; ROHDE, Adolf (2006): Ganzheitliches Projektmanagement, ibo-Schriftenreihe, 2. Auflage, Gießen

von ROSENSTIEL, Lutz; Gerhard COMELLI, Gerhard (2003): Führung zwischen Stabilität und Wandel, München

SENGE, Peter M. (2003): Die fünfte Disziplin. Kunst und Praxis der lernenden Organisation. 9. Auflage. Stuttgart

SIMON, Fritz (2004): Gemeinsam sind wir blöd? Die Intelligenz von Unternehmen, Managern und Märkten. Heidelberg

SINNHOLD, Heiko (2007): Change-Projekte richtig beenden. In LEAO. HOFMANN (2007): Fit for Change. 44 praxisbewährte Tools und Methoden im Change für Trainer, Moderatoren, Coachs und Change-Manager. Bonn

STATISTISCHES BUNDESAMT (2010): Auszug aus Wirtschaft und Statistik, Wiesbaden. *www.destatis.de/jetspeed/.../OeffentlFinanzen042010,property=file.pdf 06.10.2010, 16:46*

STOCK-HOMBURG, Ruth (2007): Nichts ist so konstant wie die Veränderung: Ein Überblick über 16 Jahre empirische Change Management Forschung, in: Zeitschrift für Betriebswirtschaft (ZfB), 77. Jahrgang (2007), Heft 7/8, S. 795–861

STOCK-HOMBURG, Ruth (2008): Personalmanagement. Theorien – Konzepte – Instrumente. Wiesbaden

STRICKER, Gerald (1997): Beobachtung fundamentalen Wandels von Unternehmen. Bausteine einer „Erfolgsmessung" organisationalen Lernens. Wien

STRIKKER, Frank (Hrsg.) (2010): Human Ressource im Wandel. Veränderungskompetenzen entwickeln. Bielefeld

STRIKKER, Heidrun (2010). Wort halten und zutrauen, in: MERK et al (Hrsg.): Mit werteorientierter Personalarbeit die Wertschöpfung steigern, S. 54–69. Bielefeld

ULRICH, Peter; FLURI, Edgar (1995): Management. Eine konzentrierte Einführung, 7. verbesserte Auflage. Bern

WELGE, Martin K.; AL-LAHAM, Andreas (2003): Strategisches Management, Grundlagen – Prozess – Implementierung, 4. aktualisierte Auflage. Wiesbaden

WIMMER, Rudolf (2006). „Führung sorgt für Impulse". http://www.osb-i.de/de/publikationen/osb-reader/ausgabe-2007.html 16.10.2010, 12.45 Uhr

ZEIS, Sandra (ohne Jahr): Unternehmensbewertung, unveröffentlichtes Skript zur Verwendung im Fernstudiengang MBC der Hochschule Wismar www.betriebswirtschaft.info/fileadmin/betriebswirtschaft/lehre/org/ORG_Organisation.pdf; 20.09.2010 14:11 Uhr

www.dfg-online.de: Dienst für Gesellschaftspolitik,
http://www.dfg-online.de/friends/parser.php?urid=351&PHPSESSID=
683fad3de4752b22d9b578193040643b 06.10.2010, 9:00 Uhr